JN421133

아산재단 연구총서 第338집

노인의 삶의 질 향상을 위한 온라인 소셜 네트워크 구축 방안

김진우

집문당

머리말

우리나라가 매우 빠른 속도로 초고령화 사회로 진입하고 있다는 사실은 사회적으로 여러 가지 문제점을 내포하고 있다. 특히 그중에서도 극심한 핵가족화로 인해서 노인들이 정신적·물리적으로 믿고 의지할 수 있는 사회적 관계망이 붕괴되는 현상은 초고령 사회의 가장 큰 문제로 대두되고 있다.

본 연구는 이 문제를 해결할 수 있는 대안으로 노인들을 위한 온라인 사회 연결망을 구축하는 원리와 방법론 그리고 실제 구현 사례를 제시하고자 하는 목적으로 진행되었다. 총 2년 동안 진행된 본 연구는 1차연도 연구에서 노인을 위한 기존의 사회 연결망 서비스를 분석하고 온라인 사회 연결망에서의 중요한 사용자 경험 요소들을 파악하였다. 2차연도 연구에서는 이런 사용자 경험 요소를 효과적으로 제공할 수 있는 모바일 기반 사회 연결망 서비스 프로토타입을 구축하고 그 효과를 실증적으로 검증하였다.

연구 결과 노인들 간의 긍정적인 순환 관계를 형성하는 것이 가능하다는 것을 발견했다. 즉, 굳이 젊은이들에게 의지하지 않더라도 노인들 간에도 정보를 주는 사람들과 정보를 받는 사람들 간의 관계를 구축할 수 있다는 것이다. 아울러 그런 과정에서 노인들로 하여금 스스로를 존귀하게 여기고, 다른 사람들과의 관계를 적극적으로 개척하고, 정보 기술에 대한 거부감을 없애는 방식으로 온라인 모바일 기반의 사회 연결망을 구축하였을 때 보다 더 효과적으로 성공적인 노후를 지원할 수 있다는 것을 검증하였다.

요즈음 우리나라의 가정을 보면 비록 같이 살지는 않더라도 대부분 한두 분 이상의 노인들이 계신다. 그리고 우리들도 언젠가는 노인세대에 동참할 것이다. 이 연구 결과가 우리들의 어머니, 아버지 그리고 좀 더 나아가 우리들의 노후 생활에도 도움이 될 수 있기를 기원하며, 이런 기초 연구를 위해서 2년 동안 충분한 연구비를 제공하여 주신 아산사회복지재단에 감사의 뜻을 전한다. 또한 본 연구를 위해서 함께 수고해준 연세대학교 HCI Lab 강정민, 이규원, 최주희, 양윤석 연구원에게 감사의 말을 전한다.

김진우

| 차 례 |

| 표 차례 |

| 그림 차례 |

제1장 연구 요약

제1장 연구 요약

1) 연구의 배경

고령화 사회가 도래하고 노년층의 삶의 질에 대한 관심이 높아지면서, 이를 향상시키기 위해 IT를 효과적으로 활용할 수 있는 방안에 대한 요구가 제기되고 있다. 노화가 진행됨에 따라 필연적으로 발생하는 신체적·감정적·사회적 손실에 대한 대책으로서 시공간적 제약을 극복할 수 있도록 하는 IT의 활용이 그 어느 때보다도 절실하게 부각되고 있다.

2) 연구의 목적

본 연구의 목적은 노인의 삶의 질(QOL; Quality of Life) 개선을 위한 모바일 기기의 활용 방안을 살펴보고, 고령자의 삶을 다양한 관점에서 조망하여 실제 노인에게 적합한 온라인 소셜 네트워크 지원 서비스 개발을 위한 핵심적인 요인을 파악하는 데 목적이 있다. 이를 위해 3차에 걸친 세부연구를 수행하였는데, 1, 2차 세부연구에서는 노인 대상의 모바일 기기 기반 온라인 소셜 네트워크 서비스 개발을 위한 이론적 프레임워크를 구축하고자 했고, 3차 세부연구를 통해서는 그것의 실용적 적용 방안을 모색하는 것에 목적을 두었다.

3) 연구의 방법

세부연구 1에서는 크게 3가지 방법론인 문헌 조사와 정성적 연구, 그리고 정량적 연구가 이루어졌다. 세부연구 2에서는 문헌 조사와 정성적 연구, 그리고 정량적 연구 방법론을 사용하였으며, 세부연구 3에서는 문헌 조사와 프로토타이핑(Prototyping) 및 실험 방법론을 활용하여 연구를 진행하였다.

4) 연구의 결과

세부연구 1을 통해 사회 감성적 이론과 인지적 나이에 따라 노인이 사회적 활동에서 추구하고자 하는 필요로서의 정보 공유 행태가 달라짐을 심층 인터뷰와 설문 문항 검증을 통해 알 수 있었다. 이와 같은 연구 결과를 차후 시스템 설계에 반영하기 위해 시스템 구축 지침 또한 도출하였다. 세부연구 2에서는 품위(dignity)와 연대(relatedness), image resistance라는 정성적 요소들이 노인층 개개인이 가용한 자원의 양에 따라 삶의 질(QOL)에 미치는 영향의 정도가 달라짐을 정량적으로 밝혔다. 마지막으로 세부연구 3에서는 앞의 두 연구에서 개발된 이론적 프레임워크를 기반으로 탐험적인 프로토타입을 구축하고, 사용자 실험을 통해 앞선 연구 결과의 실제 적용 시 활용도를 실증적으로 검증하였다.

5) 연구의 기대효과

본 연구는 이론적 프레임워크의 개발 및 통계적 검정과 다양한 노인 사용자를 대상으로 진행된 세부연구를 통해 노인을 위한 모바일 기기 및 서비스 구축 지침을 제시하였다는 점에서 이론적 기여와 실용적 가치를 지닌다. 본 연구에서 제시한 다양한 이론들과 실용적 제언들을 반영하여 후속 연구가 이루어진다면 차후 노인층을 대상으로 한 학문적 이해의 지평을 넓힐 수 있을 것이다.

제2장 연구의 목적과 필요성

1. 연구의 목적
2. 연구의 필요성
3. 연구의 범위 및 내용
4. 전반적인 주체의 독창성 및 선행연구와의 비교

제2장 연구의 목적과 필요성

1. 연구의 목적

본 연구는 노인의 삶의 질(Quality of Life, 이하 QOL) 개선을 위해 온라인 소셜 네트워크(Online Social Network)의 활용 방안을 살펴보고, 실제 노인에 적합한 온라인 소셜 네트워크를 구축하는 데 목적이 있다.

전 세계적으로 발생하고 있는 인구 문제는 1) 신생아 출생률 저하, 2) 노인층 인구의 증가로 인한 인구의 고령화 관점에서 살펴볼 수 있다(유엔미래포럼, 2006). 이 중 사회 구성원의 고령화 문제는 일반적으로 노인이 전체 사회에서 차지하는 비중이 다른 집단보다 상대적으로 높아져 고령화 사회로 변하는 것을 의미하는 것으로, 단순히 노인의 절대적인 숫자가 증가하는 것 이상으로 노인 인구의 비중이 증가하면서 사회·경제적인 전반적인 구조에서도 많은 변화를 수반한다는 의미를 내포하고 있다(고정민, 2002).

일반적으로 고령화 사회를 구분하는 기준은 UN이 정한 고령화 사회 분류법 〈표 2-1-1〉을 따르는데, 이 기준에 의하면 우리나라는 2000년에 65세 이상 인구가 총인구의 7.2%를 넘어 '고령화 사회(Aging Society)'에 들어섰다. 그리고 2018년에는 65세 이상 인구가 총인구의

〈표 2-1-1〉 UN의 고령화 사회 분류

분 류	분류 기준
고령화 사회(Aging Society)	전체 인구 중 65세 이상 고령 인구 비율이 7%~14%인 사회
고령 사회(Aged Society)	전체 인구 중 65세 이상 고령 인구 비율이 14%~20%인 사회
초고령 사회(Super-Aged Society)	전체 인구 중 65세 이상 고령 인구 비율이 20% 이상인 사회

〈표 2-1-2〉 국가별 인구 고령화 속도 비교(일본국립사회보장인구문제연구소, 2005; 통계청, 2009)

노령인구	도달 연도(년)			증가 소요 연수(년)	
국가 \ 비율	7%	14%	20%	7% → 14%	14% → 20%
프랑스	1864	1979	2018	115	39
노르웨이	1885	1977	2024	92	47
스웨덴	1887	1972	2014	85	42
호 주	1939	2012	2028	73	16
미 국	1942	2015	2036	73	21
캐나다	1945	2010	2024	65	14
이탈리아	1927	1988	2006	61	18
영 국	1929	1976	2026	47	50
독 일	1932	1972	2009	40	37
일 본	1970	1994	2006	24	12
한 국	2000	2018	2026	18	8

14.3%를 차지하여 '고령 사회(Aged Society)', 2026년에는 20.8%로 증가하여 '초고령 사회(Super-Aged Society)'에 도달할 것으로 전망되고 있다(통계청, 2005b).

한 국가의 인구 구조가 고령화 사회로 변하는 현상은 우리나라뿐만 아니라 대부분의 국가에서 발생하고 있는 문제다. 〈표 2-1-2〉와 같이 선진국들은 1970년대 후반부터 이미 고령 사회가 되었으며, 고령화 사회에서 고령 사회가 되기까지 소요된 기간보다 훨씬 짧은 기간을 거쳐 초고령 사회가 될 것으로 예상된다. 특히 〈표 2-1-2〉에서 보듯 한국의 경우 고령화 속도의 증가 소요 연수가 다른 국가와 비교해 볼 때 상대적으로 짧음을 알 수 있다. 이는 우리나라의 고령화에 대한 대비기간이 다른 국가보다 상대적으로 더 적고 급박함을 의미하기 때문에 고령화에 대한 대비가 더욱 시급하다는 점을 시사한다.

고령화 사회로 변하면서 따르는 부작용은 경제 활동 인구의 감소로 인한 사회 경제 침체와 전체 예산에서 노인 복지 관련 예산이 차지하는 비중 증가 등이 대표적이다. 그러나 그중에서도 노인이 느끼는 전반적인 삶의 질 하락이 심각한 사회적 문제로 인식되고 있다. QOL이란 인간이 살면서 느끼는 전반적인 만족도라고 할 수 있는데, QOL에 영향을 주는 요소들은 〈그림 2-1-1〉에서 볼 수 있는 것처럼

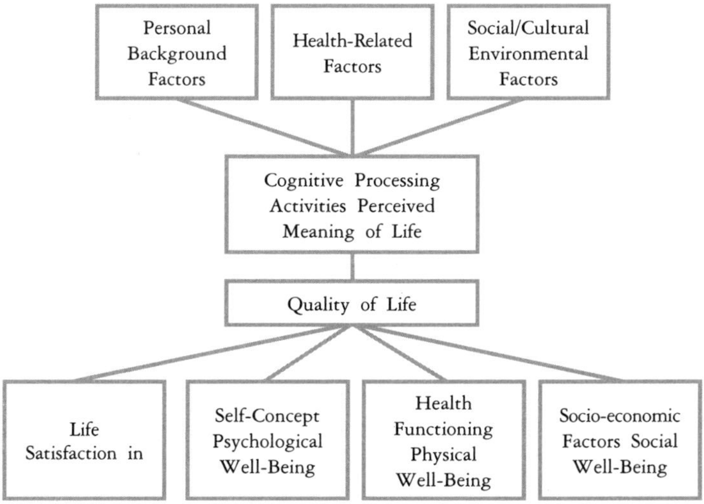

〈그림 2-1-1〉 QOL의 개념 모델(Zhan, 1992)

개인적 요소, 신체적 요소, 사회적·문화적·환경적 요소로 구분할 수 있으며, 생활에 대한 전반적인 만족도, 정신적인 행복감, 신체적인 행복감, 사회-경제학적 관점의 행복감으로 구분하여 측정할 수 있다 (Zhan, 1992).

개인의 QOL을 측정하는 방법은 앞의 QOL 개념 모델의 관점에 따라 다양한 기준으로 측정할 수 있으나, Gabriel은 노인의 QOL과 관련한 이전 연구들을 종합하여 노인의 QOL을 측정할 수 있는 기준을 Social Relationships, Home and Neighbourhood, Psychological Well-bing, Other Activities done Alone, Health, Social roles and Activities, Financial Circumstances, Independence, Other/Miscellaneous, Society/Politics의 10가지로 구분하여 연구에 적용하였다(Gabriel and Bowling, 2004).

Gabriel은 노인의 QOL에 영향을 주는 10가지 요소들을 기준으로 하여 65-80세 노인 80명을 대상으로 In-Depth 인터뷰를 실시하였는데, 이 중 77명이 Social Relationship이 QOL에 영향을 준다고 응답하여 Home/Neighbourhood, Psychological Well-Being 항목과 함께 다른 항목들보다 노인의 QOL에 큰 영향을 미치는 것으로 연구되었다(Gabriel and Bowling, 2004). 구체적인 내용은 〈표 2-1-3〉과 같다.

일반적으로 Social Relation은 가족, 친구, 동료, 이웃 등과 같이 자신의 주변에 있는 사람들과의 관계를 의미하는데, 개인과 개인의 관계를 Social Relation이라고 하고 이것이 확장되어 그룹의 의미를 내포하고 있는 것을 소셜 네트워크(Social Network)라고 한다(Park, 2003). 이런 관점에서 노인이 자신의 주변 사람들과 좋은 관계를 가질 경우 QOL이 개선된다고 할 수 있는데, 이러한 연구 결과는 Zahava 외에 많은 연구자들에 의해서 도출되었다(Gabriel and Bowling, 2004; Becker

〈표 2-1-3〉 Gabriel의 노인의 QOL에 영향을 주는 요소들의 연구 결과 (Gabriel and Bowling, 2004)

Constituent	QOL에 좋은 영향을 준다	
	응답률(%)	응답자 수(명)
Social Relationships	96	77
Home and Neighbourhood	96	77
Psychological Well-Being	96	77
Other Activities done alone	93	74
Health	85	68
Social Roles and Activities	80	64
Financial Circumstances	73	58
Independence	69	55
Other/miscellaneous	18	14
Society/Politics	1	1
전체 응답자	100	80

et al., 1998; Borglin *et al.*, 2005). 그러나 오프라인 기반의 소셜 네트워크는 공간적·시간적 제한을 가지고 있어 이동 능력이 낮은 노인들의 경우 젊었을 때에 비해 소셜 네트워크의 생성 및 유지를 위한 활동이 현저히 적어지는 특성이 있다. 그렇기 때문에 소셜 네트워크 활동을 위한 새로운 방법으로 공간적·시간적 제약을 극복할 수 있는 온라인 소셜 네트워크의 지원 방안을 찾는 것이 필요하다.

본 연구의 목적은 노인의 삶의 질 개선을 위한 모바일 기기 활용 방안을 살펴보고, 고령자의 삶을 다양한 관점에서 조망함으로써 실제 노인에게 적합한 온라인 소셜 네트워크를 지원하는 서비스 개발의 핵심적인 요인을 파악하는 데 있다. 이를 위해 3차에 걸친 세부연구를 수행하고, 1, 2차 세부연구에서는 노인 대상의 모바일 기기 기반 온라인 소셜 네트워크 서비스 개발을 위해 이론적 프레임워크를 구축하는 데 목적을 두었고, 3차 세부연구를 통해서는 그것의 실용적 적용

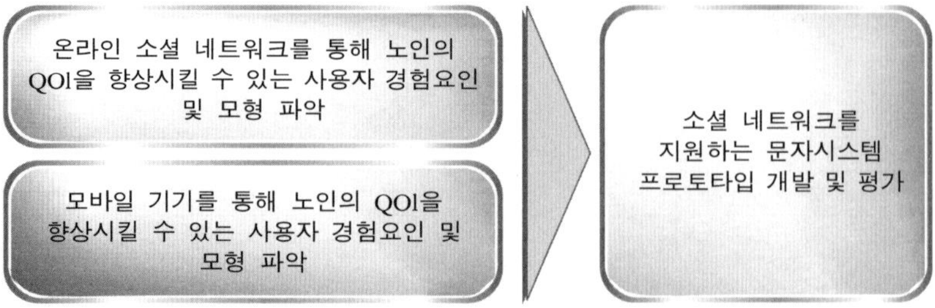

〈그림 2-1-2〉 본 연구 목적의 도식화

방안을 모색하는 것에 목적을 두었다. 본 연구의 목적을 도식화하면 다음의 〈그림 2-1-2〉와 같이 정리할 수 있다.

2. 연구의 필요성

노인 문제는 의료 기술의 발달, 산업화, 핵가족화, 도시화 등의 원인에 의해 발생한다. 그러나 노인이 느끼는 QOL의 하락은 인간이 나이가 들면서 느끼는 일반적인 변화이며, 과거의 노인보다 현 시대의 노인이 느끼는 QOL이 더 낮다는 연구가 있다(Schmid, 1991).

노인이 일반적으로 느끼는 감정은 소외감, 외로움, 우울함 등으로, 이러한 감정들이 지속될 경우 극단적인 대처로 연결되어 자살하는 상황까지 발생할 수 있다. 우리나라의 경우 1990년 60대 후반 노인의 자살률이 10만 명당 17.1명이었는데 2005년에는 62.6명으로 급증하여 다른 연령층 대비 높은 증가세를 기록하고 있다(통계청, 2005a). 이러한 문제를 해결하기 위해 사회 전반에서 지역별로 노인 복지 센터를 설립하여 체육 및 문화 프로그램을 제공하거나 생활 지원금을 지급하는 형태로 노인의 QOL을 개선하려고 노력하고 있다. 그러나 이런 정책과 프로그램의 경우 앞서 언급한 노인의 QOL에 영향을 미치는 경제적 요소와 신체적 요소를 개선하는 데만 초점을 맞추고 있다.

인간의 QOL은 개인의 신체적 건강 상태(Health Status)보다 정신적 건강(Mental Health)과의 상관관계가 더 높다고 하였으며(Smith *et al.*, 1999), 이런 관점에서 최근 인간의 QOL 연구에서는 Health-Related Quality of Life(HRQOL)를 별도로 구분하여 연구를 하고 있다. 그리고 소셜 네트워크가 노인의 HRQOL에 간접적 영향을 끼쳐 결혼을 하였거나, 가족이 있거나, 또는 친구, 이웃 간의 관계가 많은 노인의 HRQOL이 높아질 수 있다고 하였다(Garcia *et al.*, 2005).

정신적 건강에 영향을 미치는 요소는 개인의 Demographic Characteristics, Social Capital Dimensions, Violence Dimensions로 구분(Harpham *et al.*, 2004)할 수 있으며, 소셜 네트워크가 인간의 정신적 건강에 큰 영향을 주고 있다(Antonucci, 2001). 그리고 다양한 소셜 네트워크 종류 중에서도 가족과 친구와의 관계가 노인의 정신적 건강에 많은 영향을 미친다(Fiori *et al.*, 2006).

이런 관점에서 볼 때 현재의 노인 정책이나 프로그램은 단순히 개인의 경제적 · 신체적인 부족함을 해결하는 데에만 초점을 맞추고 있기 때문에, 소셜 네트워크와 같이 노인의 사회적 관점에서 정신적 건강을 개선시켜 주는 방법의 시도는 부족하다. 특히 소셜 네트워크는 앞서 기술한 것처럼 노인의 정신적 건강에 많은 영향을 주어 QOL에 긍정적으로 작용하는 수준이 높음에도 불구하고 현재 노인에게 제공되는 정책과 프로그램에서는 이와 관련한 내용이 많지 않다.

현재는 노인이 새로운 소셜 네트워크를 생성하기 위해 경로당이나

복지 프로그램에 참여하여 자발적으로 관계를 맺어야 하는 구조인데, 이는 노인의 특성상 활발히 발생하기 어려운 소셜 네트워크 환경이라고 할 수 있다. 이와 관련하여 노인에게 미치는 소셜 네트워크의 중요성과 함께 노인의 소셜 네트워크 특징을 연구한 것 중 Adam의 연구에서는 노인의 경우 새로운 인적 관계를 맺기 위하여 다른 연령층보다 더 많은 동기 부여와 능력이 수반되어야 한다(Adams, 1987)고 하였다. John & Morris의 연구에서는 노인의 Positive 소셜 네트워크와 Negative Network를 구분하고, 각 Network가 노인의 QOL에 어떤 영향을 주는지 측정하는 방식을 정리(Finch and Okun, 1989)하였으며, Litwin은 노인의 소셜 네트워크 유형을 Diverse, Friends, Neighbors, Family, Restricted로 구분하고 이 중 Diverse Network와 Friends Network가 노인의 QOL에 중요한 Network임을 제시(Litwin, 2001)하였다.

이러한 사전의 연구들을 통해서 노인의 소셜 네트워크가 매우 중요한 것으로 인식되고 있으나, 노인의 경우 다른 연령층에 비해 면대면(Face-to-Face) 기반의 소셜 네트워크 유지 비중이 높아(Smith *et al.*, 2003) 현대 사회에서처럼 공간적 제약이 많이 발생하면 노인의 소셜 네트워크는 유지되기 어렵다. 이런 흐름에서 본 연구는 공간적 · 시간적으로 제약이 많은 노인의 소셜 네트워크를 온라인 소셜 네트워크로 극복할 수 있을 것이라는 가능성에서 시작하였다.

온라인 소셜 네트워크가 오프라인(Offline) 기반의 소셜 네트워크의 관계를 개선해 주는 역할로 사용될 수 있으며(Wang and Cheng, 2004), 온라인에서 새롭게 생성된 소셜 네트워크가 대부분의 사람들의 QOL과 관계를 갖는다는 점은 이전의 연구를 통해 알려져 있다(Mesch and Talmud, 2006). 궁극적으로 Pfeil은 온라인 기반의 Social Interaction

이 노인의 QOL에 긍정적인 영향을 제공할 수 있다(Pfeil and Zaphiris, 2007)고 하였으며, Xie는 현대 사회에서 노인이 오프라인 소셜 네트워크에서 느끼는 공간적·시간적 한계를 인터넷을 이용해 극복하는 방안에 대해서 연구하였다(Xie, 2007).

그러나 현재 노인들이 사용할 수 있는 온라인 소셜 네트워크 서비스의 경우 본 연구를 위해 진행한 파일럿 인터뷰(Pilot Interview)를 통해 노인에게 적합한 인터페이스를 제공하고 있지 못하다는 것을 알아냈으며, 젊은 층에 포커스를 맞추었기 때문에 노인이 서비스를 사용하는 빈도는 낮은 것으로 나타났다.

노인이 온라인 소셜 네트워크를 통해 기존의 오프라인에서 형성한 소셜 네트워크를 강화하거나 온라인에서 새로운 소셜 네트워크를 형성함으로써 노인이 느끼는 소외감, 외로움, 무력감을 극복할 수 있을 수 있다는 가정하에, 온라인 소셜 네트워크의 요소 중 어떤 요소들이 노인의 QOL 수치를 높일 수 있는지 찾아낼 필요가 있다. 또한 실제로 이런 요소들이 어떻게 서비스에 반영되어 노인에게 제공될 수 있는지를 파악하는 것이 향후 노인 문제를 해결하는 과정에서 중요하게 적용될 수 있기 때문에 본 연구가 필요하다.

3. 연구의 범위 및 내용

본 연구의 범위와 각 범위별 내용은 〈표 2-3-1〉과 같이 5단계로 구분하여 설명할 수 있다. 세부연구에서 각 범위와 내용은 아래와 같이 연결되었다.

〈표 2-3-1〉 본 연구의 범위와 내용의 도식화

* SN: Social Network.

세부연구 1에서는 온라인 소셜 네트워크(SN)에 대한 경험요인 및 이론적 모형을 구축하고 이를 정량적으로 검증하여 1) 노인들이 온라인 소셜 네트워크를 효과적으로 구성하는 데에 사회적 신뢰가 우선해야 하며, 노인들이 쉽게 접근할 수 있는 온라인을 통한 정보 공유 활동이 이 사회적 신뢰를 쌓는 단초로 작용할 수 있음을 밝혔다. 덧붙여 온라인 정보 공유 활동을 통해 노인들을 위한 소셜 네트워크를 구성하는 시스템을 개발할 때 반영·구현해야 하는 지침에 대한 제언 2)를 포함하였다.

세부연구 1에서 전반적인 온라인 소셜 네트워크 활동에 대해 살펴보았다면, 세부연구 2에서는 그중에서도 대부분의 노인이 소지하고 있어 접근성이 높은 모바일 기기를 통한 소셜 네트워크에 대한 경험 요인 및 이론적 모형을 구축하고 정량적으로 검증하였다(3). 결론적으로 발달 심리학과 노인학에 기반한 잠재적 자아상(Possible Selves)과 성공적 노년(Successful Aging)이라는 이론적 개념을 바탕으로 이를 달성하기 위한 주요 영향 요인과 2 관계를 수립할 수 있었다. 세부연구 1, 2 모두에서 기본이 되는 이론적 모델에 노인 스스로에 대한 인식, 또는 현재 노인이 처한 환경적 요인을 도입함으로써, 세월이 지날수록 그룹 내 다양성이 커지는 노인 계층의 실상을 반영하여 연구의 현실적 타당성도 도모하였다.

마지막으로, 세부연구 3에서는 세부연구 2에서 도출된 이론적 요소들을 근거로 하여 4)의 모바일 기기를 통한 노인의 소셜 네트워크 서비스 프로토타입을 구현하고 그 효과를 정량적으로 검증하였다. 노인의 디지털 기기 사용에서 항상 고려해야 하는 요소는 거의 모든 노인들이 가지고 있는 기술에 대한 불안감(technology anxiety)으로, 이는 앞서 세부연구 1, 2에서도 지속적으로 관찰되어온 바다. 따라서 세부연구 3에서는 현실적 타당성을 만족시키기 위해 기술에 대한 불안감을 최대한으로 낮추면서 앞서 연구로부터 발견된 요소들을 적용할 수 있도록, 노인들에게 큰 정서적 지지를 준다고 알려진 손주와의 소통을 지원하는 모바일 기기의 소셜 네트워크 서비스 프로토타입을 구축하였다. 이를 통해 세대 간 통합(intergenerational solidarity)이 더 공고해지면 노인이 성공적인 노년을 달성하는 데 도움이 된다고 보았다. 각 범위와 내용에 대한 자세한 설명은 다음과 같다.

1) 노인의 온라인 소셜 네트워크에 대한 경험 요소 파악 및 이론적 모형 개발

소셜 네트워크를 분석하는 방법은 물리학, 사회학, 경제학, 경영학 등에서 다양하게 연구되고 있는데, 그만큼 바라보는 관점에 따라 다양하게 해석될 수 있는 것이 소셜 네트워크라고 할 수 있다. 이 중 Tichy는 소셜 네트워크를 구성하고 있는 요소를 정리하였고, 이 요소들을 이용하여 소셜 네트워크를 분석하는 방법도 연구(Tichy *et al.*, 1979)를 통해서 제시하였다. 그리고 Mergel은 소셜 네트워크의 종류를 정리함과 동시에 온라인 소셜 네트워크의 특징들을 정리(Mergel and Langenberg, 2006)하고 있다. 그러나 노인에게 온라인 소셜 네트워크의 어떤 요소들이 중요한지에 대한 연구는 아직 미흡하다. 따라서 본 연구에서는 노인이 온라인 소셜 네트워크를 사용하는 환경에서 어떤 요소들이 중요한지를 분석하였다. 이를 통해 노인이 온라인 소셜 네트워크 서비스를 사용하면서 중요하게 다루어지는 사용자 경험요인은 무엇인지 살펴보고 그에 대해 설명해줄 수 있는 이론적 모형을 구축하였다.

2) 노인에게 중요한 온라인 소셜 네트워크 경험 요소들을 어떻게 실제 서비스에 반영할 수 있는지에 대한 Insight 도출

앞서 도출된 이론적 모형에 대한 정량적인 검증을 통하여 현재의 온라인 소셜 네트워크 서비스에서 노인들이 서비스를 사용할 때 어떤 특성들을 보이는지를 파악하였다. 그리고 그 파악된 요소들이 실제 서비스에 어떻게 반영되었을 때 노인들의 온라인 소셜 네트워크 서비스 사용 경험을 향상시킬 수 있을지 살펴보았다.

3) 노인을 위한 모바일 경험 요소 파악 및 이론적 모형 개발

노인들의 온라인 소셜 네트워크에 대한 요소를 파악하고 이를 효과적으로 지원해 줄 수 있도록 모바일 기기의 활용방안을 마련하고자 하였다. 따라서 모바일 기기를 통해 노인들이 어떻게 소셜 네트워크를 관리하는지에 대한 경험요소들을 파악하였다. 구체적으로는 가능한 자신(Possible Selves) 이론에 근간하여 노인들이 어떠한 사용자 경험 요소를 추구하는지 살펴보았다.

4) 모바일과 관련된 사용자 경험요인들을 어떻게 실제 서비스에 반영할 수 있는지에 대한 Insight 도출

앞서 도출된 이론적 모형에 대한 정량적인 검증을 통하여 노인들이 자원상황에 따라 추구하는 사용자 경험 요소들이 다름을 검증할 수 있었다. 이러한 사용자 경험요인을 Property와 dimension으로 구체화하여 실제 시스템에 적용될 수 있는 방안들을 모색하고, 이 중 특히 노인의 소셜 네트워크에서 중요하게 다루어져야 할 요소들을 중점으로 시스템 요소를 추출하였다.

5) 모바일 기기를 통해 노인의 온라인 소셜 네트워크를 구축하기 위한 커뮤니케이션 프로토타입 개발 및 검증

앞서 연구를 통해 도출한 Insight를 바탕으로 실제 노인들의 온라인 소셜 네트워크 구축을 위한 커뮤니케이션 프로토타입을 구현하였다. 이를 통해 앞서 도출된 요소들이 가진 유효성을 검증하고 결과들을 결합하여 노인의 QOL을 향상시킬 수 있는 서비스 프로토타입의 구체적인 가이드라인을 도출하였다.

4. 전반적인 주체의 독창성 및 선행연구와의 비교

노인에 대한 사회 문제는 오래 전부터 선진국을 중심으로 그 심각성이 인식되어 노인의 QOL 향상을 위한 많은 연구가 진행된 바 있다(Gabriel and Bowling, 2004; George, 1998; Kane *et al.*, 2003; Rowe and

Kahn, 1997; Zhan, 1992). 특히 본 연구에서 다루는 노인의 QOL과 소셜 네트워크의 관계에 관련된 연구는 의학, 사회학, 사회복지학 분야에서 진행이 되었으나 소셜 네트워크를 어떻게 변화시켰을 때 노인의 QOL이 좋아지는지에 대한 구체적인 방안이 제시되지는 않았다.

더불어 노인의 특성상 오프라인 기반의 소셜 네트워크 활동을 하는 것이 어려움에도 불구하고 이를 모바일 기반의 온라인 환경에 적용해 본 연구는 거의 찾아보기 힘들다. 그러한 이유는 온라인 기반의 소셜 네트워크에 대한 개념이 2002년 내외를 중심으로 출현하였으며, 실제 서비스가 일반인에게 확산된 것이 2005년 내외여서 사람들이 온라인 소셜 네트워크에 대한 개념을 인지한 시기가 비교적 최근이라고 할 수 있기 때문이다. 특히 모바일 기기를 기반으로 한 온라인 소셜 네트워크의 출현은 극히 최근의 현상이라고 할 수 있다. 그리고 노인의 경우 컴퓨터 활용 능력이 떨어지고, 인터넷에 접속할 수 있는 환경이 다른 연령층에 비해 열악하기 때문에 이와 관련한 연구가 더욱 부족했다고 할 수 있다.

특히 노인과 소셜 네트워크와의 관계를 조사한 기존의 연구들처럼 온라인 소셜 네트워크와 노인의 QOL과 관련한 연구들도 상관관계의 유무만을 조사하였을 뿐, 구체적으로 어떻게 온라인/오프라인 소셜 네트워크를 마련해 주어야 하는지에 대한 방안을 제시하지는 못하기 때문에 연구 결과를 실생활에 적용할 수 있는 방안을 제시하는 본 연구가 중요한 의미를 가지고 있다.

제3장 연구의 내용

1. 세부연구 1:
   온라인 환경에서 노인의 정보 공유 활동이 삶의 질(Quality of life)에 미치는 영향에 대한 연구
2. 세부연구 2:
   노인의 성공적인 노화(Successful Aging)를 위한 모바일 사용자 경험에 대한 연구
3. 세부연구 3:
   모바일 기기를 통해 소셜 네트워크를 지원하는 커뮤니케이션 시스템 프로토타입을 통한 실증적 연구

제3장 연구의 내용

	연구	연구 내용	세부연구 내용 및 방법
1년차	세부 연구 1	온라인 환경에서 노인의 정보 공유 활동이 삶의 질(Quality of life)에 미치는 영향에 대한 연구	1. 노인 계층 전반의 사회적 활동과 그에 따른 삶의 질(QOL) 향상에 대한 정성조사 1.1. Online 상황에서 노인의 사회적 활동에 대한 문헌조사 1.2. Online 상황에서 노인의 사회적 활동에 대한 추가조사: 심층 인터뷰
			2. 전 단계 연구 결과의 정량적 검증 2.1. 도출된 노인층의 근본적 필요를 검증할 수 있는 가설 설정 2.2. 가설 검증을 위한 온라인/오프라인 설문조사 실시 2.3. 설문조사 결과의 통계적 분석 및 가설 검증
			3. 검증된 사항의 시스템적 반영 3.1. 검증된 필요(needs)와 시스템 요인 간의 연계 방안 모색 3.2. 노인에게 중요한 온라인 소셜 네트워크 요인 최종 정리 3.3. 노인을 위한 온라인 소셜 네트워크 서비스 구축 방안 제안
2년차	세부 연구 2	SNS를 통해 노인의 성공적인 노화(Successful Aging)를 위한 모바일 사용자 경험에 대한 연구	1. 노인의 성공적인 노화와 모바일 기기를 통한 소셜 네트워크에 대한 정성조사 1.1. 모바일과 관련된 노인의 사용행태에 대한 문헌조사 1.2. 모바일 사용과 노인의 사회적 활동에 대한 심층 인터뷰
			2. 전 단계 연구 결과의 정량적 검증 2.1. 도출된 노인층의 근본적 필요를 검증할 수 있는 가설 설정

			2.2. 가설 검증을 위한 오프라인 설문조사 실시 2.3. 설문조사 결과의 통계적 분석 및 가설 검증
			3. 검증된 사항의 시스템적 반영 3.1. 검증된 필요와 시스템 요인 간의 연계 방안 모색 3.2. 노인에게 있어서 중요한 모바일 사용 경험요인 최종 정리 3.3. 노인을 위한 온라인 소셜 네트워크 서비스 구축 방안 제안
	세부연구 3	모바일 기기를 통해 노인의 소셜 네트워크를 지원하는 커뮤니케이션 시스템 프로토타입을 통한 실증적 연구	1. 모바일 기기를 통한 노인의 소셜 네트워크 지원방안에 대한 프로토타입 구축 1.1. 문헌 조사를 통한 경험요인의 구체적 시스템 요인 연결 1.2. 프로토타입을 통한 실험 관련 모형 구축
			2. 프로토타입을 통한 실험 2.1. 도출된 노인층의 근본적 필요를 검증할 수 있는 가설 설정 2.2. 가설 검증을 위한 오프라인 실험 실시 2.3. 실험 결과의 통계적 분석 및 가설 검증
			3. 검증된 결과를 통한 Implication 도출 3.1. 문헌상의 결론과 실제 실험 결론 간의 관계 정리 3.2. 노인을 위한 온라인 소셜 네트워크 서비스 구축에 대한 디자인 가이드라인 제시

1. 세부연구 1: 온라인 환경에서 노인의 정보 공유 활동이 삶의 질에 미치는 영향에 대한 연구

1) 세부연구 1의 목적 및 내용

본 연구는 노인의 사회적 활동을 촉진하여 그들의 삶의 질(Quality of Life)을 개선하는 것을 목적으로 하며, 이를 위해 젊은 세대와는 다른 노인층 고유의 필요(needs)를 충족하는 온라인 소셜 네트워크 구축 방안을 연구한다. 세부적으로는 1) 사회적 활동의 측면에서 젊은 세대

〈그림 3-1-1〉 세부연구 1의 범위와 내용 도식화

와는 다른 노인층 고유의 필요를 파악하고 2) 이를 통해 발견된 필요를 정량적으로 검증하여 3) 검증된 필요를 반영한 노인층에 특화된 온라인 소셜 네트워크를 제안한다.

이러한 연구 목적을 달성하기 위해 본 연구는 〈그림 3-1-1〉과 같이 3단계로 연구 범위 및 내용을 구분하여 진행하였다.

(1) 노인층의 온라인 서비스 사용에 관한 기존 논문 및 심층 인터뷰를 통해 노인층의 사회적 활동에 대한 근본 필요 파악
(2) (1)의 결과로서 파악된 필요를 가설화하여 설문을 통해 정량적으로 분석·검증하여 발견된 필요에 대한 타당성 확보
(3) 검증된 필요를 구축하려 온라인 소셜 네트워크에 시스템적으로 반영할 수 있는 요인 도출

2) 세부연구 1의 연구 방법

추진 단계에서 알 수 있듯이 본 세부연구 1에서는 크게 3가지 방법론인 문헌 조사와 정성적 연구, 그리고 정량적 연구가 이루어졌다.

(1) 문헌 조사

먼저 문헌 조사는 노인 및 노인이 인지하는 삶의 질, 그리고 노인의 사회적 관계 활동에 관한 기존 문헌을 검토 및 정리하는 작업으로, 이를 위해 노인학, 심리학, 사회학 등 다양한 문헌을 검토하였다.

문헌 조사를 통해 밝혀진 노인의 삶의 질과 사회적 관계 활동에 관련한 이론적 개념은 다음과 같다.

① 노인의 삶의 질과 사회적 관계 활동

노인이 인지하는 삶의 질(이하 QOL)는 개인이 자신의 삶에 대해 가지는 직관적인 판단에 따른 평가 지표이다. 일반적으로 청년 시기보다 노인 시기에 상대적으로 낮은 QOL을 느낀다. 특히 노인의 경우 사회적 관계 활동이 노인이 인지하는 QOL에 큰 영향을 끼친다고 알려져 있는데, 최근 연구들은 인터넷으로 사회적 관계를 지원함으로써 노인의 QOL을 향상시킬 수 있음을 시사하였다.

② 사회자본과 사회적 신뢰

사회자본(Social Capital)은 사람들과의 관계를 통해서 축적되는 자원을 의미한다. 이러한 사회자본은 인터넷을 통한 컴퓨터 매개 상호작용(Computer-mediated Interaction)을 통해서도 축적될 수 있다고 알려져 있다. 특히 정보교환 목적의 인터넷 사용은 사회적 신뢰(Social Trust) 혹은 대인관계 신뢰(Interpersonal Trust)와 밀접한 관계가 있다. 사회적 신뢰는 사회자본의 중요한 요인으로, 사회적 생활에서 발생하는 피할 수 없는 갈등의 윤활유라 불린다. 사회적 신뢰는 단순히 타인을 신뢰하는 것뿐만 아니라 본인에게 이익이 되는 정도로 측정된다.

③ **사회감성적 선택 이론**(socio-emotional selectivity theory)

사회감성적 선택 이론(Socio-Emotional Selectivity Theory, SST)은 노인학, 심리학 분야에서 실제 연령(Chronological Age)을 대신하여 남은 인생을 어떻게 인지하느냐를 토대로 노인의 행동이나 인지적 측면의 변화를 설명하는 이론이다. SST에 따르면 노인의 행동이나 인지적 측면의 변화는 남은 인생을 길게 혹은 짧게 인지하느냐에 따라 달라진다고 하였다.

④ **인지적 나이**(cognitive age)

태어난 연도가 같다고 하더라도 일반적으로 사람들은 자신의 나이에 대해서 다르게 인지하곤 한다. 이런 점에서 여러 연구에서 태어난 연도를 기준으로 하는 실제 연령(Chronological Age)과 개인 스스로 인지하는 나이인 인지적 나이(Cognitive Age)를 구분하기 시작했으며, 특히 노인의 경우 실제 연령과 인지적 나이 간의 불일치가 심하다고 알려져 있다. 인지적 나이는 실제 연령에 비해 노인을 이해하는 데 더 효과적이라고 알려져 있으며, 노인학이나 심리학, 마케팅 쪽에서 노인의 행동 및 인지적 특성을 파악하는 데 활용된다.

이 중 사회감성적 선택 이론과 인지적 나이는 세월이 흐를수록 분산이 커지는 노인 계층 내 다양화와 개인차를 반영하기 위해 적용한 이론적 개념이다. 각 개념에 대한 보다 자세한 결과는 3) 세부연구 1의 아래 (1) 문헌 조사 결과에 기술되었다.

(2) 정성적 연구

두 번째인 정성적 연구는 노인의 온라인 소셜 네트워크 활동의 특이사항을 찾기 위해 행해졌던 것으로, 다양한 수집을 하기 위해 여러 방법론이 행해졌다. 정성적 연구를 위해 수행된 연구 방법론은 사용자 인터뷰, 사용자 맥락분석(Contents Analysis), 포커스그룹 인터뷰(Focus Group Interview), 총 3가지로 각각의 방법론은 다음과 같다.

① 사용자 인터뷰

온라인/오프라인 환경에서 노인의 소셜 네트워크 특징을 분석하기 위해 60세 이상의 노인 22명을 대상으로 노인들이 거주하고, 컴퓨터를 많이 사용하고 있는 장소에 직접 방문하여 개별 인터뷰를 실시하였다〈그림 3-1-2〉. 연구에 참가한 노인은 연구 시점을 기준으로 블로그, 커뮤니티, 메신저, 미니홈피와 같이 인터넷에서 다른 사람들과 커뮤니케이션할 수 있는 서비스를 최소 2개 이상, 1년 이상 활발히

〈그림 3-1-2〉 개별 인터뷰 진행 사진

〈표 3-1-1〉 사용자 인터뷰 노인 참가자 기본 정보

항 목	참가자(n=22)
평균연령(세)	66.10
성별(명)	
남자	15
여자	7
가족 동거 여부	
배우자와 동거	17
자녀와 함께 동거	3
동거 가족 없음	2
학력	
대졸	17
대졸 이하	5
인터넷에서 소셜 네트워크 활동 수준	
아주 많음	7
많음	12
보통	3

사용하고 있는 사람을 대상으로 하였다. 참가자에 대한 기본 정보는 〈표 3-1-1〉에 제시된 바와 같다.

본 연구에 참가한 사람들은 인터넷으로 소셜 네트워크 활동을 활발히 하는 사람들로, 노인 대상의 컴퓨터 강의 참여자, 노인 온라인 커뮤니티 운영자, 고등학교 동창회 웹 마스터 등으로 활동하고 있다. 이처럼 노인임에도 불구하고 인터넷으로 활발한 소셜 네트워크 활동을 하는 노인을 스노볼(Snow ball) 방식으로 리크루팅하였다. 그러나 가족, 동호회, 지역과 같이 그룹에 따라 비슷한 특징을 보일 것으로 예상되는 참가자를 배제하기 위하여 지인, 지역 복지관, 노인 전용 동호회 등 다양한 소스를 통해 리크루팅을 진행하였다.

개별 인터뷰는 서울과 근교 지역에 거주하고 있는 참가자들의 집

이나 사무실 등을 방문하여 2–3시간 진행하였으며, 노인들이 실제 인터넷 환경에서 소셜 네트워크 활동을 어떻게 하는지 알 수 있도록 컴퓨터 사용 환경과 이용 방식을 직접 관찰하면서 진행하였다. 모든 인터뷰 내용은 참가자의 동의하에 보이스 레코더로 녹음하였으며, 인터뷰하는 과정을 사진 촬영하였다.

개별 인터뷰가 완료된 이후에는 보이스 레코더에 녹음된 모든 내용을 텍스트로 전환한 후 질적 연구 방법론의 데이터 분석 방법에 따라 개방 코딩(Open Coding), 축 코딩(Axial Coding), 선택 코딩(Selective Coding)을 거쳐 인터넷 환경에서 노인들이 소셜 네트워크 활동을 할 때 보이는 특징의 인과 관계를 설명하는 인과 네트워크(Causal Network)를 개인별로 정리하였다. 인과 네트워크는 질적 연구를 통해 도출된 각 이론적 개념 간의 인과 관계를 살펴보기 위한 것으로, 본 연구가 노인의 소셜 네트워크 특징을 살펴보는 것을 넘어 그러한 특징을 보이는 이유가 무엇인지를 밝혀내기 위해 그린 것이다. 인과 네트워크 작업은 참가자별로 개인 인과 네트워크를 그린 후 이를 통합하여 전체 참가자의 인과 네트워크를 도출하는 방식으로 이루어졌다. 이 과정에서 각 이론적 구조를 언급한 노인들의 인원을 세어 인과 네트워크에 반영함으로써 노인의 소셜 네트워크 행태에서 중요한 이론적 구조가 무엇이며, 이와 관련된 인과 관계가 무엇인지를 파악하고자 하였다. 그리고 인과 네트워크를 분석할 때 노인학에서 다루어지는 연구의 이론적 배경을 사용하여 개별 인터뷰를 통해서 나온 결과가 기존 이론으로 설명될 수 있도록 작업하였다.

② **사용자** Contents Analysis

개별 인터뷰 분석 작업을 완료한 이후 인터뷰 과정에서 노인들이 자신들의 이야기를 한 것인지, 주변의 이야기를 자신의 경험인 것처럼 이야기한 것인지 파악할 필요가 있었다. 이러한 노인들의 특징은 Dickinson이 이미 노인을 연구하는 과정에서 고려해야 하는 사항으로 지적한 바 있다(Dickinson and Prior, 2007). 그리고 개별 인터뷰를 통해 도출한 인과 네트워크에서 SST로 설명할 수 없는 부분에 대한 원인을 찾아내기 위해 서비스 분석 작업을 진행하였다.

서비스 분석 작업에서는 참가자들이 사용하고 있는 SNS 종류를 분석하고 참가자가 관리하는 블로그, 미니홈피, 커뮤니티 등을 직접 방문하여 참가자가 작성한 콘텐츠를 분석하였다. 분석 대상으로는 소셜 네트워크와 관련한 콘텐츠만을 다루었으며, 서비스 분석 작업 완료 후 개별 인터뷰에서 참가자가 언급한 것과 반대로 나타나는 행태를 삭제 또는 재검토하는 작업을 진행하였다. 그리고 참가자가 개별 인터뷰에서 언급하지 않는 행태들을 파악하여 인과 네트워크를 보완하는 작업을 진행하였다.

③ Focus Group Interview

개별 인터뷰와 참가자들이 사용하고 있는 서비스 분석 작업을 통해서 노인의 일반적인 소셜 네트워크 특징을 인과 네트워크 방식을 이용해 정리하였다. 이후 본 연구에 참가한 노인들이 SST에 적용되는지 확인하고, 현재 SNS에 대해 어떤 필요(needs)가 있는지를 파악하기 위해 FGI를 실시하였다.

FGI는 개별 인터뷰에 참가한 6명을 리크루팅하여 연구자의 학교에 FGI 시설이 준비된 공간에서 약 2시간 동안 진행하였다. FGI는 먼저 SST 관점에서 현재까지 살아온 기간 중 자신이 인지하는 대표적인 평가 지표를 설정하고, 지표에 맞춰 인생 곡선을 그리게 하였다.

〈그림 3-1-3〉 FGI에서 참가자들이 그린 미래 인생 곡선

그리고 자신의 인생에서 가장 높은 점수를 주고 싶은 지점에 점수를 할당하게 하였으며, 현재까지 자신이 살아온 이야기를 다른 사람들에게 간략하게 하는 시간을 1명당 5분 내외로 제공하였다. 발표가 끝난 후 현재부터 자신이 인지하는 가장 중요한 미래의 순간까지를 인생 곡선으로 그려 이전 작업과 동일하게 진행하게 한 뒤, 마찬가지로 가장 높은 지점에 점수를 할당하여 과거에서 현재까지의 점수와 비교하도록 하였다. 또한 자신이 그린 인생 곡선을 다른 참가자들에게 설명하는 시간을 마찬가지로 5분 내외로 제공하였다〈그림 3-1-3〉.

이후 자신이 그린 미래의 인생 곡선에서 자신이 가장 중요하다고 생각하는 미래 시점까지에 대해 '길게 남았는지', '짧게 남았는지'를 질문하여 참가자들이 자신의 미래에 대해 가진 관점을 알아보았다. 이어 부모님, 직장 동료, 배우자, 자녀, 동호회 친구, 학교 친구 등

29가지의 소셜 네트워크 유형이 적힌 카드를 나눠준 후, 자신이 그린 미래 인생 곡선에서 같이 하고 싶은 사람들을 선택하도록 하였다. 마지막으로 참가자들이 선택한 SN 유형의 특징 및 이유를 설명하도록 한 뒤 노인의 소셜 네트워크 특징을 SST 이론적 관점에서 일반화할 수 있도록 정리하였다.

(3) 정량적 연구

세 번째인 정량적 연구를 위해 본 연구는 설문조사 방법론을 활용하였다. 설문조사는 인터넷을 통해 사회적 관계 활동을 지원하는 서비스, 즉 이메일, 커뮤니티, 블로그나 싸이월드와 같은 소셜 네트워크 서비스를 적극적으로 활용하는 65세 이상의 사용자들을 대상으로 실시하였다.

데이터 수집을 위해 국내의 여러 노인복지관의 협조를 얻어 노인복지관에서 컴퓨터 및 인터넷 활용 관련 강의를 듣고 있는 수업 참가자를 대상으로 설문을 실시하였다. 노인들의 경우 온라인으로 설문하는 것 자체에 대해 익숙하지 않아 설문 과정에서 어려움을 호소하는 경우가 많다고 알려져 있기 때문에, 본 연구에서는 노인복지관을 직접 방문하여 오프라인으로 설문을 진행하였다. 총 응답자는 137명이었으며, 이 중 불성실 응답자 및 인터넷 사용 경험이 부족한 설문 응답자의

〈표 3-1-2〉 설문조사 노인 참가자 인구 통계학적 정보

성별	남성	98명(75.4%)
	여성	32명(24.6%)
평균 나이		71.24세
평균 인터넷 사용 시간		5.46년

데이터를 제외한 130명의 데이터를 최종 분석에 사용하였다. 보다 구체적인 설문 응답자의 인구통계학적 정보는 〈표 3-1-2〉와 같다.

3) 세부연구 1의 연구 결과

(1) 문헌 조사 결과

① 노인의 삶의 질과 사회적 관계 활동

UN을 비롯한 많은 국가에서 65세 이상을 노인으로 정의하며, 이 외에도 사회적 연령, 개인의 지각 연령 등을 통해 구분하는 기준이 있다(Barak *et al.*, 1988; Carstensen *et al.*, 1999). 이런 기준들로 노인을 살펴보면, 퇴직으로 인한 경제력 상실, 체력 저하에 따른 이동성 저하, 자식의 결혼으로 인한 분가 및 친구의 사망으로 인해 SN 활동이 줄어드는 경향이 있다(Gabriel & Bowling, 2004). 이러한 개인 및 환경의 변화는 노인이 인지하는 삶의 질(이하 QOL)의 하락 현상을 가져오는데(Collins, 2003), 이 QOL은 개인이 자신의 삶에 대해 내리는 직관적인 판단에 의거한 평가 지표이다(Vokes & Golomb, 2003).

QOL은 사용하는 목적 및 평가에 따라 다른 의미를 가지므로 정확한 정의를 내리기 힘들며, 측정하는 방법 또한 일정하지 않다. 그러나 앞서 언급한 노인의 특성들로 인해 청년 시기보다 노인 시기에 상대적으로 낮은 QOL을 느낀다(Lindley *et al.*, 2009). 그렇기 때문에 노인의 QOL에 관한 연구가 젊은 사람의 그것에 비해 많으며, 노인의 QOL에 영향을 주는 요인에 대한 연구가 진행되고 있다. 또한 노인의 QOL을 향상시키기 위한 의학적·사회적 방법에 대한 연구도 진행되고 있다(Slegers *et al.*, 2008; Xie, 2008).

일반적으로 노인의 경우 사회적 관계 활동이 노인이 인지하는 QOL에 큰 영향을 끼친다고 알려져 있지만, 나이를 먹음에 따라 발생하는 인지적·신체적 능력 저하나 퇴직, 자식의 분가 및 친구의 사망과 같은 환경적 변화들로 인해 사회적 관계 활동이 줄어들게 되며, 이는 결국 노인의 QOL 하락에 영향을 미치게 된다(Lindley *et al.*, 2009).

하지만 최근에 인터넷을 기반으로 사회적 관계를 지원함으로써 노인의 QOL을 향상시키기 위한 연구들이 진행되고 있다(Karavidas *et al.*, 2005; Wright, 2006; Pfeil & Zaphiris, 2007). Wright는 인터넷을 통한 사회적 지지(Social support)가 삶에 대한 만족도를 높일 수 있다고 하였으며(Wright, 2006), Karavidas와 그의 동료들은 온라인을 통한 사회적 관계 활동이 우울감과 외로움을 줄일 수 있다고 하였다(Karavidas *et al.*, 2005). Pfeil 역시 온라인 커뮤니티는 노인에게 사회적 지지를 제공함으로써 궁극적으로 삶의 질을 향상시킬 수 있다고 하였다(Pfeil and Zaphiris, 2007). 이뿐만이 아니라 이메일이나 메신저를 통해 사회적 관계 활동을 함으로써 외로움과 같이 노인이 많이 느끼는 부정적인 감정을 개선할 수 있다고 알려져 있다.

② 사회자본과 사회적 신뢰

사회자본(Social Capital)은 사람들과의 관계를 통해서 축적되는 자원을 의미한다(Coleman, 1988). 사회자본은 사회적으로나 개인적으로 다양한 차원에서 긍정적인 결과를 가져온다. 사회적으로는 사회자본을 통해 공중위생을 높이거나 범죄율을 낮출 수 있으며, 개인적으로는 유용한 정보의 습득이나 개인적 관계 활동에 영향을 줌으로써(Paxton, 1999) 소셜 네트워크 참여자들 간에 자부심(Self esteem)이나 삶에 대한 만족과 같은 심리적인 웰빙(Psychological Wellbeing)에 긍정적인 영향을 준다.

Putnam은 사회자본을 교량적 사회자본(Bridging Social Capital)과 결속적 사회자본(Bonding Social Capital)으로 구분하였다(Putnam, 2000). 교량적 사회자본은 약한 연계(Weak Ties)로 언급되는 것으로 감정적 지원보다는 유용한 정보를 서로 교환하는 개인들 간의 느슨한 결합이다. 이에 반해 결속적 사회자본은 가족이나 절친한 사이의 친구와 같이 정서적으로 가까운 관계라 할 수 있다.

이러한 사회자본은 인터넷을 통한 컴퓨터 매개 상호작용(Computer-mediated Interaction)을 통해서도 축적될 수 있다고 알려져 있다(Kavanaugh, *et al.*, 2005). 특히 인터넷은 사회자본 중에서도 감정적인 지원을 제공해주는 결속적 사회자본보다는 유용한 정보를 제공해주는 교량적 사회자본 측면에서 유용하다(Best & Krueger, 2006). 인터넷을 통해 값싸고 손쉽게 공통된 관심사를 공유하면서 관계를 구축할 수 있으며, 관계가 구축된 사람들끼리 정보나 의견을 공유함으로써 도움을 상호 교환하게 되기 때문이다. 하지만 인터넷은 사회적 단서(Social Clue)가 부족하기 때문에 깊은 관계를 구축할 때 필요한 친밀함과 신뢰를 얻는 데는 한계가 있으며, 이로 인해 강한 연계(Strong Tie) 즉, 결속적 사회자본을 형성하는 데는 한계가 있다(Best & Krueger, 2006).

특히 정보교환 목적의 인터넷 사용은 사회적 신뢰(Social Trust) 혹은 대인관계 신뢰(Interpersonal Trust)와 밀접한 관계가 있다(Beaudoin, 2008). 사회적 신뢰는 사회자본의 중요한 요인으로, 사회적 생활에서 발생하는 피할 수 없는 갈등의 윤활유라 불린다. 사회적 신뢰는 단순히 타인을 신뢰하는 것뿐만 아니라 본인에게 이익이 되는 정도로 측정된다(Beaudoin, 2008).

이러한 사회적 신뢰는 일반적으로 사람들 간의 상호작용을 통해서 개발된다. 온라인에서 사용자들은 정보 공유 활동을 통해 상호적 이익을 얻게 된다. 또한 서로의 관심사를 공유하고 서로에 대해 더 잘 알게 됨으로써 상대방에 대한 불확실성(Uncertainty)을 줄이게 된다. 이는 결국 사용자 간의 빈번한 상호작용을 가능케 함으로써 궁극적으로 사회적 신뢰를 높일 수 있는 것이다(McKnight, Choudhury, & Kacmar, 2002).

특히 인터넷을 통한 사회자본의 형성은 노인에게도 도움이 된다. 노인은 나이를 먹음에 따라 신체 능력 저하로 발생하는 물리적 한계를 인터넷을 통해서 극복하여 사회적 관계를 형성할 수 있다(Contarello & Sarricaa, 2007). 그리고 사회적 관계 활동에 참여함으로써 고립감을 줄이고 손쉽게 정보를 구함으로써 자신감을 증대시킬 수 있다. 실제로 Gatto와 Tak의 연구에 의하면 노인들은 인터넷을 통해 자신의 흥미와 관련된 새로운 정보를 얻음으로써 활동적인 마음을 유지하는 것이 가능하기 때문에 인터넷과 같은 정보기술(IT) 사용을 배우는 과정을 즐겨 한다(Gatto and Tak, 2008). 결국 인터넷을 통해 사회자본을 형성하는 과정은 노인이 인지하는 전반적인 삶의 질에 긍정적인 영향을 끼칠 것이다.

③ 사회감성적 선택 이론

사회감성적 선택 이론(Socioemotional Selectivity Theory, SST)은 노인학, 심리학 분야에서 실제 연령(Chronological Age)을 대신하여 남은 인생을 어떻게 인지하느냐를 토대로 노인의 행동이나 인지적 측면의 변화를 설명하는 이론이다(Carstensen *et al.*, 1999). SST에 따르면 노인의 행동이나 인지적 측면의 변화는 남은 인생을 길게 혹은 짧게 인지하느냐에 따라 일어나는데, 이로 인해 개인의 동기가 달라지며, 인생 목표의 우선순위가 바뀌게 된다. 즉, 개인이 미래가 제한이 없다고 인지할 경우 미래를 최대한으로 활용하는 목표를 우선시하게 되며, 반대로 미래가 한정되어 있다고 인지할 경우 감성적인 의미를 극대화하는 현실 지향의 목표를 추구하게 된다(Carstensen, *et al.*, 1999; Lockenhoff & Carstensen, 2004).

이러한 배경에서 SST는 정보 수집이나 경력 개발과 같은 미래 지향적인 목표(Future-oriented Goal)와 감정 규제 및 생산과 같은 감성적으로 의미 있는 목표(Emotionally meaningful Goal), 둘 중에 어떠한 목표를 따르느냐에 따라 사회적 동기(Social Motivation)가 달라진다고 말한다(Carstensen, Fung, & Charles, 2003). 인생의 남은 시간을 길게 인지하는 경우 미래 지향적인 목표를 위해 소셜 네트워크를 넓힐 수 있는 피상적인 관계를 선호하며, 이와 반대로 남은 시간을 짧게 인지할 경우 현재 순간의 정서 조절(Emotion Regulation)을 위해 가까운 사회적 관계에 초점을 맞추고 피상적인 사회적 관계를 멀리하게 된다. 일반적으로 젊은 사람들의 경우 미래 지향적이기 때문에 새로운 경험이나 정보를 얻기 위해 소셜 네트워크를 확장하는 경향을 보인다. 반면 노인들의 경우 일반적으로 자신의 남은 인생이 상대적으로 제약되어 있다고 느끼기 때문에 친숙하고, 감정적으로 가까우며, 의미 있는 관계로 구성된 작은 소셜 네트워크를 지향하고 피상적인 관계는 지양하게 된다(Lockenhoff & Carstensen, 2004). 또한 이러한 소셜 네트워크 구성이 인지된 남은 시간 정도와 잘 어울릴 때 사회적 만족(Social Satisfaction)을 높여주고 사회적 긴장(Social Strain)은 낮춰준다(Lockenhoff & Carstensen, 2004). 이는 독일, 미국, 홍콩에서 장기간 이루어진 비교 문화적 관점의 연구들에서 밝혀진 바 있다(Fung, Lai, & Ng, 2001).

하지만 남은 시간에 대한 인식은 단순히 실제 나이에 의해서 결정

되는 것이 아니라, 심각한 질병이나 이사, 대학교 졸업 등과 같은 다른 측면의 요인에 의해서도 남은 시간에 대한 인식에 영향을 받는다고 알려져 있다(Lockenhoff & Carstensen, 2004). 그런 점에서 동일한 나이를 가진 노인이라고 하더라도 남은 시간에 대한 인식이 달라질 수 있으며, 자신의 죽음까지 시간이 많이 남았다고 생각하는 노인의 경우, 일반적인 노인과는 달리 새로운 사회적 관계를 추구할 수 있다.

이러한 SST는 소셜 네트워크 구성 및 활동에만 국한되는 것이 아니라 인지 과정에도 영향을 끼친다. 남은 시간을 짧게 인지하는 사람의 경우 현재의 감정을 최대한 유지하려는 경향이 있기 때문에 부정적인 감정, 경험들을 최대한 피하려는 경향이 있다. 그런 까닭에 정보 습득 상황에서 사람이나 사물, 그리고 경험에 대한 좋은 측면의 정보 습득을 선호하며, 기억 활동에서도 좋은 기억을 먼저 떠올리게 된다. 또한 정보 수집 활동에서도 부정적인 경험을 할 가능성을 줄이기 위해 적은 양의 정보만을 수집한다. 반대로 남은 시간을 길게 인지하는 사람은 미래를 극대화시키는 데 초점을 맞추기 때문에 정보 습득을 통한 나쁜 경험의 가능성을 꺼리지 않으며 다양한 정보를 활발하게 수집한다.

④ 인지적 나이

일반적으로 사람들은 태어난 연도가 같다고 하더라도 자신의 나이에 대해서 다르게 인지하곤 한다(Barak *et al.*, 1988). 이런 점에 주목하여 여러 연구에서 태어난 연도를 기준으로 하는 실제 연령(Chronological Age)과 개인 스스로 인지하는 나이인 인지적 나이(Cognitive Age)를 구분하기 시작했으며, 특히 노인의 경우 실제 연령과 인지적 나이 간의 불일치가 심하다고 알려져 있다. 인지적 나이는 실제 연령에 비해 노인을 이해하는 데 더 효과적이라고 알려져 노인학이나 심리학, 마케팅 쪽에서 노인의 행동 및 인지적 특성을 파악하는 데 활용되고 있다(Eastman & Iyer, 2005; Iyer *et al.*, 2008).

Barak과 Schiffman에 따르면 인지적 나이는 네 가지 측면, Feel-age, Look-age, Do-age, Interest-age로 나뉜다(Barak and Schlffman, 1981). 예를 들어 노인이 젊은 사람들이 관심을 가지는 것에 높은 관심을 가진다고 하면, 실제 연령에 비해 인지적 나이가 적게 나타난다. 인지적 나이의 신뢰성과 유효성은 미국은 물론 다른 국가에서도 비교문화적으로 연구가 이루어져 충분히 증명되었다(Auken, Barry & Bagozzi, 2006; Iyer, *et al.*, 2008).

이러한 인지적 나이는 노인의 행동이나 태도에 영향을 준다. 일반적으로 인지적 나이가 어릴수록 생활에 대한 만족도와 사회적 참여가 높아지며, 인터넷을 더 활발하게 사용하고, 하이테크 제품 또한 적극적으로 활용한다. 실제로 인지적 나이가 낮은 노인은 높은 노인에 비해 자신감(Self-Confidence)이 높으며, 자신의 인생에 대해 잘 관리하고 있다고 느끼고, 특별하고 새로운 경험이나 개인적인 도전, 모험에 관심이 많다고 알려져 있다. 또한 인지적 나이가 젊은 노인 여성의 경우 인지적 나이가 많은 경우보다 패션에 대한 관심, 작업지향성 성격(Work-orientation), 유흥 및 문화 활동에 대한 참여도가 높게 나타난다(Eastman & Iyer, 2005).

Wei의 연구에서는 실제로 인지적 나이가 젊을수록 기술적 불안(Technological Anxiety)은 낮아지며, 정보 수집 활동도 활발해짐이 드러났다(Wei, 2005). 또한 인지적 나이가 젊을수록 실제 연령이 많다고 하더라도 마치 젊은 사람처럼 새로운 시도를 많이 하며, 이에 따라 구매 활동에서도 인지적 나이가 많은 노인에 비해 새로운 브랜드나 제품을 구매할 가능성이 높아진다.

(2) 정성적 연구 결과

① 인과 네트워크

SST를 바탕으로 개별 인터뷰와 서비스 분석을 진행하여 도출한 인과 네트워크를 분석한 결과 노인의 소셜 네트워크(이하 SN) 특성이 현재의 친한 사람들과 관계를 지속적으로 강화하고자 하는 '강화형 SN' 유형과 반대로 새로운 SN으로 확장하기를 원하는 '확장형 SN' 유형으로 나뉘는 것을 발견했다. 그리고 SST에서 노인의 SN을 설명한 것처럼 확장형보다는 강화형 SN 유형이 연구 과정에서 더 강하게 나타났다.

이러한 노인의 SN 유형별 특징을 바탕으로 SNS의 시스템 특징을 도출하기 위해 각 유형별 인과 네트워크를 재구성하는 작업을 진행하였다. 인터뷰에 참가한 노인들이 다른 노인들은 적극적으로 하지 않는 인터넷상에서의 SN 활동을 하는 이유, 하고 있는 SN 활동의 특징, 부족하다고 느끼거나 새로운 요구 사항으로 인과 네트워크를 재구성하였다. 각각 재구성된 인과 네트워크 모델은 〈그림 3-1-4〉와 〈그림 3-1-5〉에 나타나있다. 이를 통해 노인들의 필요(니즈)에 대한 각 유형별 특징을 정리하였다.

> "새로운 관계가 뭐가 필요 있어. 지금 있는 사람들 관리하기도 힘든데. 죽을 날이 며칠 남지 않은 사람들이 새로운 사람 만나봤자 뭐하겠어. 그냥 이렇게 살다가 죽는 거지."
>
> —P11, 68세, 남자, 개별 인터뷰

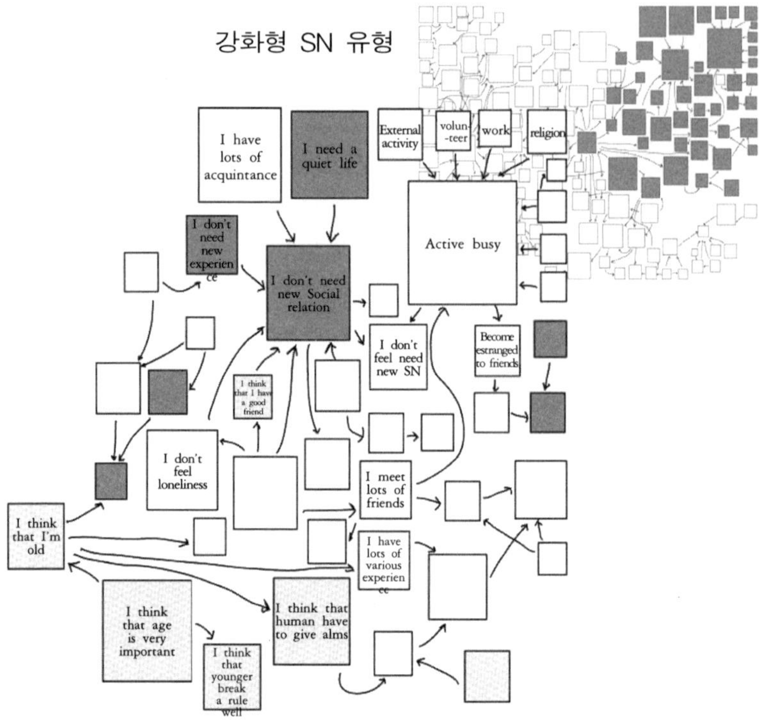

〈그림 3-1-4〉 강화형 SN 유형의 특징을 재구성한 인과 네트워크 모델

현재 대한 노인 협회에서 노인 컴퓨터 교육 관련 업무를 담당하고 있는 한 참가자는 SST에서 설명하는 노인 SN의 전형적인 특징인 강화형 SN 유형을 보였다. 이 노인은 은행원으로 30여 년간 근무하여 컴퓨터와 인터넷을 다른 노인들보다 빠르게 접할 수 있었다. 그래서 은퇴 후 자신의 능력을 바탕으로 국가에서 지정한 노인 협회에서 자원 봉사 활동으로 노인들 대상의 컴퓨터 교육 프로그램에 대한 전반적인 업무를 담당하고 있다. 그러나 이러한 대외적인 활동을 하고 있

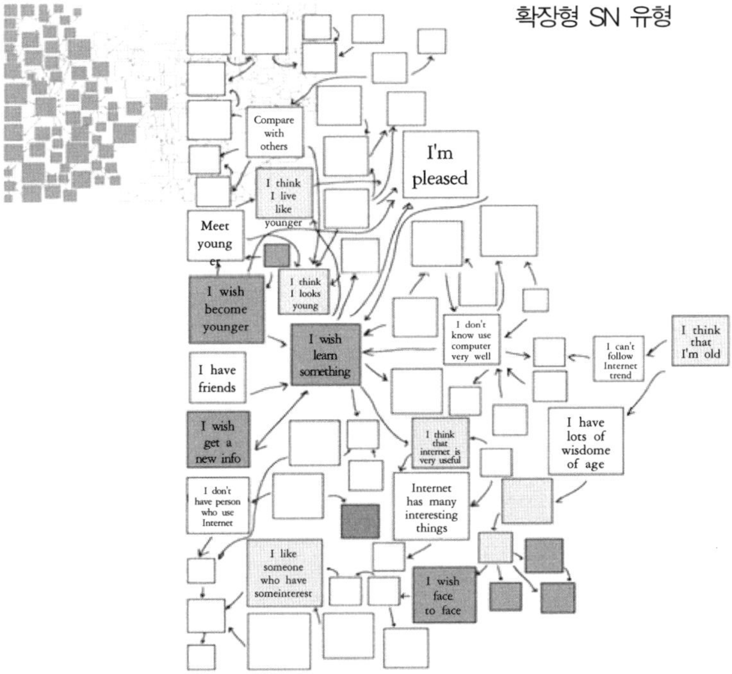

〈그림 3-1-5〉 확장형 SN 유형의 특징을 재구성한 인과 네트워크 모델

음에도 불구하고, 새로운 관계보다는 기존의 친구들을 중심으로 한 강한 SN을 선호하는 것을 볼 수 있었다.

이러한 이유는 Construct의 인과 관계를 정리한 인과 네트워크의 분석에서 찾아본 결과 '능동적 바쁨(Active Busyness)'으로 인한 것으로 나타났다. 이 원인은 다른 다수의 참가자들에게서 나타난 강화형 SN 유형의 핵심이었다. SST 관점에서 죽는 날까지 시간이 많이 남지 않는 상황이라면 새로운 경험을 하는 것보다 현재 하고 있는 일들을 지속하면서 즐거움을 찾는 것에 만족하기 때문이다. 이 참가자의 경우 죽음을 가장 가까운 미래의 중요한 시점이라고 인지하고 있는 것이다.

강화형 SN 유형의 원인으로 언급한 능동적 바쁨은 봉사 활동, 동창회, 여행, 취미, 종교와 같이 반드시 하지 않아도 되는 일들을 스스로 만듦으로써 발생하는 바쁜 현상을 의미한다.

> "내가 정말 많이 바빠. 초·중·고등학교 동창회, 내가 우리 고등학교 동창회 홈페이지도 직접 만들어서 관리하는데, 매일매일 그거 체크하는 것도 쉽지 않아. 거기서 친구들 보는 것도 사실은 상당히 바쁜데, 다른 사람들을 만나는 것은 생각을 못하지."
>
> —P10, 71세, 남자, 개별 인터뷰

법조인으로 근무하다 정년퇴임한 이 참가자는 자신이 졸업한 학교의 모든 동창회 커뮤니티를 관리하고 있으며, 심지어 직접 동창회 홈페이지를 개발하기도 하였다. 이 참가자와 같이 본 연구에 참가한 대부분의 노인들은 다양한 외부 활동으로 바쁜 생활을 하고 있었다. 평소의 적극적인 생활을 통해 현재 많은 사람들과 관계를 하고 있기 때문에 새로운 SN을 적극적으로 만들고 싶다는 생각을 하지 않는 경향이 있었다.

강화형 SN 유형의 노인들은 실제 서비스에서도 동일한 행동을 보였다.

> "요즘 제가 강의를 비롯해 이것저것 일을 많이 벌려 놔서 클럽에 강의를 잘 못 올리고 있습니다. 많은 양해 부탁드리며, 조만간에 좋은 샘플들을 만들어서 Upload하겠습니다."
>
> —P22, 74세, 남자, 서비스 분석

현재 복지회관에서 노인들을 대상으로 SWISH강의를 하고 있는 이 참가자는 자신이 시작한 많은 일들로 인해 바쁘다는 것을 운영하는 커뮤니티를 통해 언급하고 있다. 그리고 블로그를 운영하는 여성 노인은 자신이 등록한 정보성 콘텐츠를 조회한 모르는 방문자가 게시한 댓글에 답글을 게시하지 않으며, 단지 자신의 닉네임인 '눈송이'와 함께 "감사합니다"와 같은 형식적인 인사글만 게시하였다.

〔꽃다운 한양〕 "아기가 이쁘네요. 블로그 구경하고 있어요. 날마다 즐거운 하루 보내세요.^^*"

〔눈송이〕 "감사합니다."

—P2, 63세, 여자, 서비스 분석

노인들이 강화형 SN 유형을 보이는 이유는 앞서 언급한 능동적 바쁨 이외에도 기존에 알고 있는 지인이 많아서, 개인적으로 외로움을 못 느껴서 그렇다는 이유 등이 추가적으로 더 있었다. 이외에도 현재의 편안한 삶이 좋아서 새로운 경험이나 새로운 사람들을 만남으로 인해 겪는 불쾌감에 대한 거부감이 있다는 사실을 인과 네트워크를 통해 파악할 수 있었다.

이러한 강화형 SN 유형의 특징은 FGI 과정을 통해서도 파악할 수 있었는데, FGI에 참가한 6명 중 5명이 자신이 죽는 날까지 시간이 많이 남아있지 않다고 이야기하였다. 그리고 FGI에서 진행한 미래곡선 그리기와 자신이 앞으로 같이 생활하고 싶은 사람들을 선택하는 과정에서, 배우자, 자식, 친구, 친척을 주로 선택하였다.

"처음에는 인터넷에서 사람들 만나는 것이 아주 불건전한 일이라고 생각했어요. 그런데 한 번 해보고 내가 잘 컨트롤하니깐 이게 상당히

좋더라구요. 그렇게 사람들 조금씩 만나고 다니니깐 더 적극적이 되고, 삶도 즐거워지더라구요."

—P16, 66세, 남자, 개별 인터뷰

무역 회사의 임원으로 근무 중인 올해 66세의 한 참가자는 개별 인터뷰를 진행하는 연구자들에게 끊임없이 자신의 자료들을 보여주었다. 자신이 62세에 IT 회사에 취업을 한 후 유명 일간지에 실린 기사, 자신이 활동하고 있는 서울시 노인 복지 홍보 모델 촬영 사진, 자신이 촬영한 동호회원의 결혼식 사진 등을 보여주면서 자신은 나이를 잃어버린 채 젊은 사람들보다 더 젊게 살고 있다고 강조하였다. 이 참가자는 명문 고등학교 동창회의 인터넷 커뮤니티 운영자로 활동 중이며, 온라인 사진 동호회, 오프라인 볼링 동호회의 운영자로도 활동 중이다. 이 노인은 앞으로 남은 인생이 지금까지 살아온 인생보다 더 많이 남았다고 이야기했다.

"5년이 될 수도 있고, 10년이 될 수도 있죠. 나는 앞으로 많이 살고 싶지만 그게 내 맘처럼 되겠어요(웃음). 그렇지만 그 기간이 얼마가 되더라도 내가 지금까지 살아온 날보다 훨씬 더 소중한 시간이라고 생각해요. 그렇기 때문에 남은 인생을 더 보람차고, 좋은 사람들 많이 만나고, 즐겁게 살아야죠."

—P16, 66세, 남자, 개별 인터뷰

이 참가자는 SST 관점에서 확장형 SN을 지향하고 있다. 일반적으로 노인들은 강화형 SN 유형이 주를 이룰 것으로 생각하나 본 연구를 진행하면서 다수의 확장형 SN 유형의 노인들을 볼 수 있었다. 특히 인터넷 환경을 통해 자신들의 신체적·나이적 한계를 극복할 수 있다는 점을 인식하고 있었으며, 실제 경험을 통해 새로운 SN에 대한 필요가 많아짐을 알 수 있었다. 이러한 특징의 이유를 인과 네트워크를 통해 자신이 모르는 분야에 대해 배우고 싶어 하기 때문인 것으로 나타났다. 특히 본 연구에서는 노인들이 잘 모르는 컴퓨터와 관련한 새로운 SN에 대한 필요가 강하게 나타났다.

> "아, SWISH를 정말 배우고 싶은데, 가르쳐 주는 사람이 없잖아. 그래서 혼자 배웠다고. 그때 이런 거 알려주는 사람 있었으면 정말 좋았을 텐데 생각하면서 지금은 나처럼 생각하는 사람들한테 많이 알려주고 있지."
>
> —P1, 70세, 남자, 개별 인터뷰

올해 70세의 이 참가자는 SWISH를 배우기 위해 복지관에서 진행하는 강의 프로그램에 참가했지만, 자신이 알고자 하는 기능들을 충분히 배울 수 없었다고 한다. 현재는 홈페이지 개발과 관련한 공부를 하고 싶어 하며 이와 관련한 새로운 관계를 원하였다.

본 연구에 참가한 노인들은 일반적인 노인에 비해 인터넷을 많이 사용하는 사람들이었다. 인터넷을 사용하면서 다양한 경험을 하고, 새로운 것을 공부하는 데 거부감이 적었다. 그러나 노인들이 새로운 것을 공부하기 위한 환경은 사회적으로 충분하지 않으며, 노인 개개인에게 최적의 학습 효과를 보장해 주지 못하기 때문에 주변의 지인을 비롯한 새로운 SN을 통해 학습하길 원하였다.

FGI에 참가한 확장형 SN 유형의 참가자들은 미래에 같이 지내고 싶은 사람들을 선택하는 과정에서 새로운 친구와 같이 현재 모르는 사람도 자신의 미래에 중요한 사람이 될 수 있다고 설명하였다.

② 꼬리물기질문법(Laddering) 분석 결과

질적 연구 방법론에 의해 도출된 인과 네트워크는 그 자체로 현재 노인들의 인터넷을 이용한 SN 활동의 특징을 설명할 수 있다. 그러나 이를 보다 정량적인 방법으로 분석하여 질적 연구에 의해 도출된 결과와 비교함으로써 결과에 대한 신뢰성을 보다 더 높일 수 있기 때문에 Laddering 분석을 통해 노인의 SN 특징을 설명하는 계층형 맵(HM; Hierarchical Map)을 도출하였다.

HM은 참가자가 이야기한 스크립트를 바탕으로 행동과 사고의 인과 관계를 정량적으로 분석한 것이다. 이 과정에서는 직접 관계(Direct Relation)와 간접 관계(Indirect Relation)로 구분하여 분석하였으며, 두 관계를 합쳐서 각 노드 간의 Path 값을 구하였다. 이러한 과정을 거쳐 도출한 HM은 〈그림 3-1-6〉과 같다.

그림에서 보는 바와 같이 인터넷 공간에서 노인의 SN 특징은 크게 3가지 유형으로 구분된다. 첫 번째 유형은 자신이 나이가 많음을 인지하고, 연륜으로부터 나오는 많은 정보를 다른 사람들에게 공유하고 싶어 한다. 이 때문에 다른 사람들에게 자신이 잘 알고 있는 사실을 가르치고자 하거나 정보를 전달하고자 하는 필요가 강하게 나타났으며, 이러한 관점에서 새로운 사람들을 만나고 싶다는 필요가 있었다. 그러나 새로운 사람이 아닌 현재 알고 있는 사람들을 중심으로 이러한 활동을 하고자 하는 필요도 있기 때문에 이는 인과 네트워크에서의 강화형과 확장형 SN 유형을 모두 나타내는 형태라고 할 수 있다. 두 번째 유형은 인과 네트워크에서 나타난 것과 동일한 사항으로 삶을 능동적으로 바쁘게 살고자 하는 필요가 강하게 나타나는 유형이다. 이 때문에 자신이 외롭거나 쓸쓸하다는 생각을 인지하지 못하며, 물리적으로 바쁘기 때문에 새로운 사람을 만나고자 하는 필요

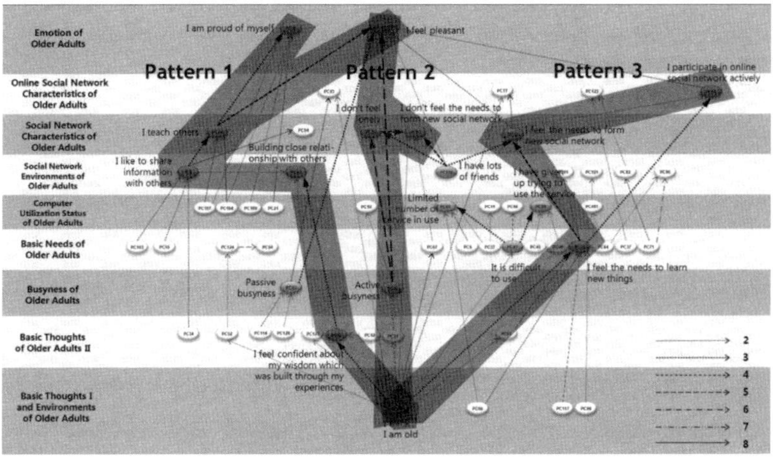

〈그림 3-1-6〉 인터넷상에 노인의 SN 특징을 설명하는 Hierarchical Map

가 존재하지 않는다. 이 유형은 인과 네트워크에서의 강화형 SN 유형과 정확히 들어맞는다고 할 수 있다. 마지막으로 세 번째 유형은 새로운 것을 배우고자 하는 것에 대한 필요가 강해 자신이 얻고자 하는 정보를 알고 있는 사람과의 관계 형성을 원하는 유형이다. 이 또한 인과 네트워크에서의 확장형 SN 유형과 동일한 결과를 보여주고 있다.

이러한 Laddering 결과가 사전에 도출한 인과 네트워크의 결과와 동일하게 나왔기 때문에 앞서 도출한 노인의 SN 유형에 대한 결과의 신뢰성이 존재한다고 볼 수 있다.

(3) 정량적 연구 결과

이론적 배경과 정성적 연구 결과를 토대로 〈그림 3-1-7〉과 같은

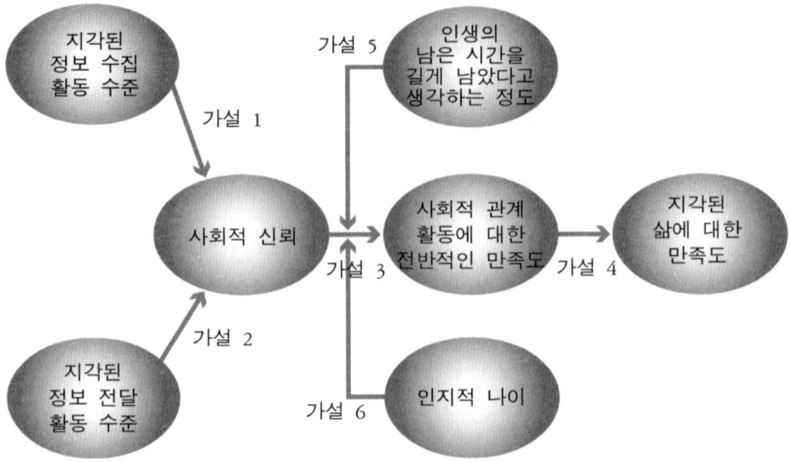

〈그림 3-1-7〉 연구모형

이론적 모형을 구축하였다.

Laddering 분석 결과에서는 정보를 제공하고자 하는 욕구〈그림 3-1-6〉, 인과 네트워크 분석 결과에서는 정보 습득을 통한 학습의 욕구를 파악하였고, 이들이 노인의 소셜 네트워크 형성에 단초가 되는 현상을 관찰할 수 있었다. 따라서 이 두 활동을 시작점으로 하여 사회적 관계 활동으로 이어지는 이론적 모형을 구축하였다. 이 과정에서 잘못된 정보 공유 활동은 오히려 사회적 관계 활동에 대한 불만이나 불신으로 이어지는 것을 반영하기 위해 매개 변수로 사회적 신뢰가 있다고 보았다. 기존 논문과 정성적 연구 결과 모두를 바탕으로, 궁극적으로는 사회적 관계 활동에 대한 만족도가 상승하여 노인이 지각하는 스스로에 대한 삶의 만족도에도 정의 영향을 줄 수 있음을 밝히기 위해 최종 변수를 지각된 삶에 대한 만족도(QOL)로 설정하였다.

이 기본 모델을 바탕으로, 앞서 Laddering 분석 결과와 인과 네트워크 결과에서 여러 차례 반복되었듯이 노인 계층 내부의 분화에 따라 기본 모델의 변수 간 영향 관계가 달라짐을 검증하기 위해 조절 변수로서 SST(인생의 남은 시간을 길게 남았다고 생각하는 정도)와 인지적 나이(CA; Cognitive Age)를 적용하였다.

① 온라인에서의 사회적 관계 활동과 정보 공유 활동

정보 공유 활동을 위한 인터넷의 사용은 사회적 신뢰에 긍정적인 영향을 끼친다고 알려져 있다. 온라인에서 정보와 경험 공유 활동을 통해 이익을 상호 제공하고, 서로에 대해 알아가면서 빈번한 상호작용이 가능하게 되어 사회적 신뢰가 증가하게 되는 것이다.

이러한 정보 공유 활동은 타인으로부터 정보를 습득하는 정보 수집 활동과, 자신이 제작하였거나 소유한 정보를 타인에게 제공하는 정보 제공 활동으로 나눌 수 있다. 먼저 정보 수집 활동의 측면에서 살펴보면, 일반적으로 사회적 신뢰는 상대방이 자신에게 제공하는 정보가 양질일수록 증가한다고 알려져 있다. 상대방이 제공하는 정보가 자신의 활동에 유리한 것일수록 상대방에 대한 능력(Competence)을 인지함과 동시에 상대방이 타인에 대해 높은 배려를 하는 사람이라고 인지하게 되어, 결국 상호작용의 빈도가 높아지고, 사회적 신뢰 역시 증가하게 되는 것이다. 따라서 본 연구에서는 정보 수집 활동와 사회적 신뢰 간의 관계를 다음과 같이 가설화하였다.

가설 1: 지각된 정보 수집 활동 수준이 높을수록 온라인에서 사회적 신뢰에 정(+)의 영향을 미칠 것이다.

둘째로 정보 전달 활동은 자신이 제작하거나 소유한 정보를 상대방에게 제공함으로써 서로 간의 상호작용을 높이는 과정이라 할 수 있다. 상호작용이 많아질수록 서로의 관심 분야를 공유하게 된다. 일반적으로 사람은 서로 간의 가치나 흥미 등에서 동질성을 느낄수록 상대방에 대한 불확실성(Uncertainty)이 줄어들며, 사회적 관계 활동으로 벌어질 수 있는 위험 또한 줄어든다고 느끼기 때문에 결국 사회적 신뢰가 증가한다. 서로의 관심 분야를 공유하는 과정을 통해 상대방에 대한 이해도가 높아지면서 서로 간의 가치나 흥미에 대한 동질성을 느끼며, 이는 결국 사회적 신뢰를 증가시킬 수 있을 것이다. 이상의 논의를 바탕으로 본 연구에서는 다음과 같은 가설을 설정하였다.

가설 2: 지각된 정보 전달 활동 수준이 높을수록 온라인에서 사회적 신뢰에 정(+)의 영향을 미칠 것이다.

② 사회적 신뢰와 사회적 관계 활동

사회자본의 중요 요인인 사회적 신뢰는 타인을 믿을 수 있는 정도를 의미하는 것으로 타인에게 전적으로 의존하여 자신에게 도움이 되는 정도로 측정된다. 기존의 많은 문헌에서 사회적 신뢰는 관계 구축에 필수 요인이며, 사회적 관계 활동을 통한 전반적인 만족도에 영향을 주는 요인으로 인식되어 왔다.

사회적 신뢰는 관계 활동의 불확실성을 줄여주고, 관계 활동을 통해 발생할 수 있는 인지되는 위험을 줄여준다. 즉, 사회적 신뢰 수준이 높아질수록 사회적 관계 활동에 대한 근심이 낮아지며, 이는 결국 사회적 관계 활동에 대한 만족도를 높이게 된다. 이러한 논리하에 다음과 같은 가설을 도출하였다.

가설 3: 온라인에서 사회적 관계에 대해 신뢰하는 정도는 온라인에서 사회적 관계 활동에 대한 전반적인 만족도에 정(+)의 영향을 미칠 것이다.

③ **노인이 인지하는 삶의 질과 온라인에서의 사회적 관계 활동**

기존의 연구에서 사회적 관계 활동에 대한 전반적인 만족도가 삶의 질, 그중에서도 삶에 대한 만족도에 미치는 영향은 이미 밝혀진 바 있다. 사람들은 사회적 관계 활동을 통해 사회적 지원(Social Support)을 받으며 타인과 영화를 보거나 이야기를 나누는 것과 같은 다양한 유희적인 활동을 통해 우울함이나 불안과 같은 삶의 질에 부정적인 영향을 주는 감정들을 줄일 수 있어 궁극적으로 삶에 대한 만족도가 증가하게 된다. 특히 노인의 경우 이러한 사회적 관계 활동이 삶에 대한 만족도에 미치는 여러 요인들 중에서 가장 큰 영향을 준다. 또한 사회적 관계 활동이 삶의 만족도에 미치는 영향은 단순히 오프라인 상황에서만 적용되는 것이 아니라 온라인 상황에서도 동일하게 적용된다.

이와 같은 기존 연구 결과들을 기반으로 본 연구에서는 다음과 같은 가설을 도출하였다.

가설 4: 온라인에서의 사회적 관계 활동에 대한 전반적인 만족도는 노인이 느끼는 삶에 대한 만족도에 정(+)의 영향을 미칠 것이다.

④ **사회감성적 선택 이론**(SST; Socio-emotional Selectivity Theory)

앞서 언급하였듯이 사회적 관계 활동에서 신뢰가 낮을 경우 관계 활동에 대한 불확실성이 높아지고, 근심이 쌓이게 됨으로써 사회적 관계 활동에 대한 전반적인 만족도가 낮아지게 된다. 사회감성적 선택 이론에 따르면 인생의 남은 시간을 짧다고 생각하는 경우 정서 조절을 위해 상대방을 용서하려는 경향이 강하다. 반면 인생의 남은 시간을 길다고 생각하는 경우 긍정적인 사실보다 부정적인 사실을 더 잘 기억하며, 신중한 결정을 위해 다양한 정보를 수집한다. 즉, 낮은 사회적 신뢰로 인해 발생할 수 있는 상황에 대해 인생의 남은 시간을 짧게 인지하는 노인들보다 길게 인지하는 노인들이 더 민감한 반응을 나타낼 것이다. 이에 따라 본 연구의 이론적 모형에서 사회감성적 이론의 측면에 따라 남은 인생을 길게 인지하는 정도가 사회적 관계 활동에 미치는 조절 효과는 다음과 같다.

가설 5: 미래에 남은 시간을 길게 느낄수록 온라인에서 사회적 관계를 신뢰하는 정도가 사회적 관계 활동에 대한 전반적인 만족도에 더 큰 영향을 미칠 것이다.

⑤ **인지적 나이**(Cognitive Age)

인지적 나이가 젊을수록 의사를 결정하는 과정에서 좀 더 신중해지며, 더욱 다양한 정보를 수집한다. 인지적 나이가 젊은 노인들은 사회적 신뢰가 부족하면 사회적 관계 활동에 대한 근심이 더 쌓이게 될 것이다. 따라서 낮은 사회적 신뢰로 인해 발생할 수 있는 상황에 대해 인지적 나이가 많은 사람이 인지적 나이가 적은 사람보다 덜 민감한 반응을 보일 것이며, 이에 따라 본 연구에서는 인지적 나이의 조절 효과를 다음과 같이 가설화하였다.

가설 6: 인지하는 나이가 많을수록 온라인에서의 사회적 관계를 신뢰하는 정도가 사회적 관계 활동에 대한 전반적인 만족도에 더 적은 영향을 미칠 것이다.

이론적 모형의 타당성을 실증적으로 검증하고자 본 연구에서는 PLS(Partial Least Square)를 이용하여 구조모형을 검증하였다. PLS는 다른 구조모형 분석 도구에 비해 상대적으로 참가자가 적은 경우에도 활용할 수 있으며, 또한 이론적 틀을 새롭게 정립하는 선험적이거나 탐색적인 연구에서 널리 사용되어 왔다. 분석에 사용한 프로그램은 Smart PLS Version 2.0 M3이다.

(4) 측정모형

다단계의 구조모형을 검증하기에 앞서, 측정모형을 검증하였다. 본 연구에서 사용된 문항들은 반영지표(Reflective Measurement)로 이루어져 있다. PLS 분석 과정에서 반영지표 개별 아이템의 신뢰도는 각 요인이 갖는 적재량(Factor Loading)의 유의미성과 합성 신뢰도(Composite Reliability)의 적절성을 통해 파악할 수 있다.

본 연구에 사용된 측정모형의 경우 〈표 3-1-3〉에서 제시된 것처럼 대부분의 요인 적재량 값이 적정 수준인 0.7 이상임을 알 수 있다. 〈표 3-1-4〉는 개별 구성개념들의 합성 신뢰도 및 AVE값과 각 구성개념 간의 상관계수를 나타내고 있으며, 〈표 3-1-5〉는 교차 적재량을 나타내고 있다. 각 구성개념의 합성 신뢰도는 일반적인 적정 수준인 0.8을 상회하고 있으며, AVE값 역시 일반적인 적정 수준치인 0.6을 상회하고 있다. 또한 판별 타당도 역시 해당 요인 AVE값의 제곱근이 다른 구성개념 각각의 상관계수 값을 초과하여 판별 타당성을 확보하고 있음을 확인하였다.

〈표 3-1-3〉 설문 아이템의 요인 적재량

문항	요인 적재량	T-statistics
• 인지하는 삶에 대한 만족도		
QOL 1	0.82	15.16
QOL 2	0.95	95.72
QOL 3	0.95	95.84
• 온라인 사회적 관계 활동에 대한 전반적인 만족도		
SAT 1	0.93	68.61
SAT 2	0.95	49.75
SAT 3	0.95	82.05
SAT 4	0.88	28.73
• 온라인에서의 사회적 신뢰		
TRU 1	0.93	43.35
TRU 2	0.96	101.79
TRU 3	0.90	39.35
• 온라인에서의 정보 수집 활동 수준		
TAKE 1	0.93	51.87
TAKE 2	0.94	42.99
TAKE 3	0.94	78.82
• 온라인에서의 정보 제공 활동 수준		
GIVE 1	0.96	80.80
GIVE 2	0.97	119.91
GIVE 3	0.96	80.59
• 인생의 미래에 대해 길게 남았다고 생각하는 정도		
SST 1	0.82	4.71
SST 2	0.87	5.41
• 인지하는 나이		
CA 1	0.95	8.04
CA 2	0.90	8.33
CA 3	0.93	8.62
CA 4	0.88	5.66

〈표 3-1-4〉 구성개념 간의 상관계수 및 AVE

Con.	CR	AVE	GIVE	TAKE	TRU	SAT	QOL	SST	CA
GIVE	0.97	0.93	0.96						
TAKE	0.95	0.87	0.64	0.93					
TRU	0.95	0.86	0.58	0.55	0.93				
SAT	0.96	0.86	0.52	0.62	0.56	0.93			
QOL	0.94	0.83	0.38	0.39	0.45	0.62	0.91		
SST	0.83	0.71	0.23	0.23	0.15	0.24	0.16	0.85	
CA	0.95	0.84	-0.17	-0.15	-0.15	-0.19	-0.07	-0.28	0.92

〈표 3-1-5〉 교차 적재량

	GIVE	TAKE	TRU	SAT	QOL	SST	CA
GIVE1	0.96	0.66	0.57	0.54	0.36	0.26	-0.16
GIVE2	0.97	0.57	0.54	0.48	0.39	0.20	-0.17
GIVE3	0.96	0.61	0.57	0.47	0.36	0.21	-0.15
TAKE1	0.54	0.93	0.50	0.59	0.44	0.25	-0.18
TAKE2	0.58	0.94	0.46	0.60	0.38	0.20	-0.16
TAKE3	0.66	0.94	0.57	0.56	0.28	0.19	-0.11
TRU1	0.54	0.52	0.93	0.52	0.39	0.16	-0.17
TRU2	0.52	0.50	0.96	0.50	0.41	0.13	-0.13
TRU3	0.55	0.51	0.90	0.54	0.46	0.13	-0.11
SAT1	0.51	0.60	0.50	0.93	0.55	0.27	-0.20
SAT2	0.52	0.62	0.57	0.95	0.57	0.20	-0.14
SAT3	0.54	0.57	0.55	0.95	0.58	0.25	-0.22
SAT4	0.35	0.53	0.46	0.88	0.60	0.16	-0.16
QOL1	0.30	0.22	0.36	0.37	0.82	0.07	0.00
QOL2	0.41	0.38	0.46	0.65	0.95	0.12	-0.05
QOL3	0.33	0.41	0.40	0.61	0.95	0.22	-0.11
SST2	0.07	0.09	0.05	0.19	0.07	0.82	-0.37
SST3	0.30	0.28	0.20	0.21	0.19	0.87	-0.12
CA1	-0.19	-0.17	-0.20	-0.21	-0.06	-0.32	0.95
CA2	-0.17	-0.17	-0.18	-0.18	-0.12	-0.29	0.90
CA3	-0.13	-0.13	-0.07	-0.18	-0.04	-0.20	0.93
CA4	-0.06	0.00	-0.02	-0.07	0.03	-0.14	0.88

(5) 구조모형

PLS를 이용한 구조모형의 검증은 선행변수의 종속변수에 대한 설명력, 경로계수의 크기, 부호, 통계적 유의성을 통하여 이루어진다. 이러한 정보를 포함한 구조모형 검증 결과는 〈그림 3-1-8〉에서 볼 수 있는 바와 같다.

지각된 사회적 관계에 대해 신뢰하는 정도는 지각된 정보 수집·전달 활동 수준에 의해 약 39%가 설명되며, 온라인에서 사회적 관계 활동에 대한 전반적인 만족도는 지각된 사회적 관계를 신뢰하는 정도에 의해 약 33%, 지각된 삶의 질은 온라인에서의 사회적 관계 활동에 대한 전반적인 만족도에 의해 약 38%가 설명된다. 이는 Falk와 Miller가 제시한 적정 검정력인 10%를 상회하는 것이므로(Falk and Miller, 1992), 설명력의 관점에서 본 연구에서 제시한 구조모형은 전반적으로 양호한 수준이라 할 수 있다.

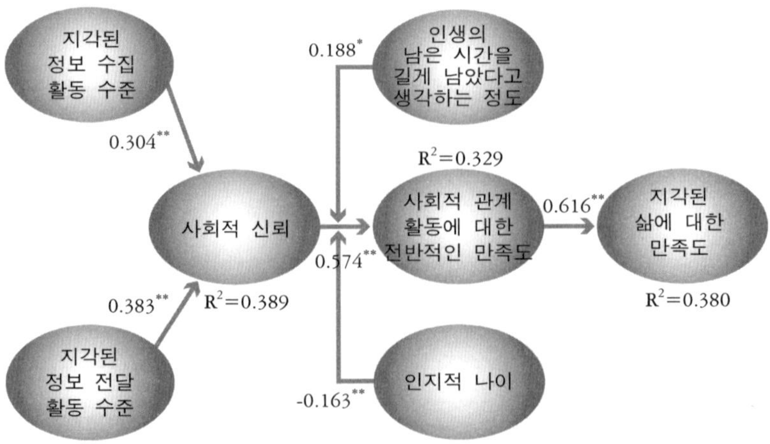

〈그림 3-1-8〉 구조모형의 검증 결과

〈표 3-1-6〉 구조모형 분석을 통한 가설 검증 결과

가설	경로계수	T-Value	가설 검증
H1	0.616	13.850	지지
H2	0.574	5.604	지지
H3	0.304	3.453	지지
H4	0.383	5.576	지지
H5	0.188	2.964	지지
H6	-0.163	2.099	지지

또한 구조모형의 분석 결과, 제시된 H1~4의 모든 가설들이 채택되었다($p<.05$). 또한, SST 이론에 근거한 남은 인생을 길게 인지하는 정도와 인지하는 나이의 조절 효과를 검증한 결과, 본 연구에서 가설화한 H5・6 모두 조절 효과가 통계적으로 유의미하게 나타났다. 구조모형 검증을 통한 가설 검증 결과는 〈표 3-1-6〉에 정리되어 있다.

4) 세부연구 1의 결론 및 토의

앞서 1차연도에 진행된 연구를 토대로 볼 때, 많은 노인들이 가족이나 친지, 친구와 같은 가까운 관계를 중심으로 소셜 네트워크 활동을 하는 경향이 있으나, 사회감성적 선택 이론에 근거해 남은 인생을 길게 인지하는 노인이나 인지적 나이가 젊은 노인들의 경우는 젊은 사람들과 크게 다를 것이 없이 새로운 것을 추구하고, 소셜 네트워크 활동에 있어서도 새로운 사람들을 만나려고 하며, 이러한 관계를 통해 새로운 지식을 공유하는 활동을 주로 함을 알 수 있었다.

그런 점에서 노인을 위한 온라인 소셜 네트워크 서비스는 단순히 사람들 간의 의사소통을 지원하는 수준에서 그치는 것이 아니라 노인을 포함하여 온라인 소셜 네트워크 서비스를 사용하는 모든 사용자들

이 손쉽게 정보를 공유할 수 있는 공간을 만드는 것이어야 한다. 또한 이러한 관계 활동에서 상대방에 대한 사회적 신뢰가 사회적 관계 활동의 전반적인 만족도에 영향을 미치기 때문에 서비스 전반에서 사회적 신뢰를 증진할 수 있는 시스템 역시 고려되어야 할 것이다.

결과적으로 본 연구는 다음과 같은 이론적 의의를 제공할 수 있다. 첫째, 노인에 대한 기존의 IS 분야에서 부족했던 구체적이고도 이론적인 프레임워크를 제공했다는 점에서 의의를 찾아낼 수 있다. 즉, 본 연구는 사회학, 심리학, 노인학 등에서 활용되는 사회자본, 사회감성적 선택 이론, 그리고 인지적 나이 이론을 활용함으로써 노인 대상 IS 분야 연구에서 필요한 이론적 기반을 마련하였다. 사회자본의 관점에서 온라인을 통한 사회적 관계 활동에 대한 만족도뿐만 아니라 궁극적으로 노인이 인지하는 삶의 질 차원에서 온라인에서의 상대방에 대한 사회적 신뢰 및 정보 공유 활동이 중요하게 작용함을 알 수 있었다.

또한 본 연구에서는 사회감성적 선택 이론과 인지적 나이에 기반하여, 남은 인생을 길다고 인지하는 노인과 인지적 나이가 젊은 노인이 같은 행동을 보인다는 것을 통계적으로 검정하였다. 즉, 사회감성적 선택 이론에 기반을 둔 남은 인생을 길게 인지하는 정도, 그리고 인지적 나이는 연대기 순의 나이만으로 설명하지 못하는 노인의 행동 및 심리 변화를 설명하는 두 관점으로서 전혀 다른 배경에서 출발한 이론이지만 노인의 온라인을 통한 사회적 관계 활동에 동일한 영향을 미침을 알 수 있었다. 이러한 관점에서 볼 때 추후 온라인을 통한 노인의 사회적 관계 활동을 연구할 때 두 가지의 관점인 사회감성적 선택 이론과 인지적 나이는 동일하게 적용될 수 있을 것이다.

한편 본 연구는 노인을 위한 사회적 관계 활동을 지원하는 서비스,

즉 노인을 위한 SNS 개발의 방향성을 제공한다는 점에서 실용적 의의를 제공할 수 있다. 온라인 사회적 관계를 통한 정보 공유 활동이 궁극적으로 노인이 인지하는 삶에 대한 만족도에 긍정적인 영향을 미친다는 사실을 통해 노인을 위한 서비스에서 정보 공유 활동이 원활하게 이루어지도록 해야 한다는 점을 알 수 있다. 정보 수집 활동의 측면에서 보면 노인을 위한 사회적 관계 활동을 지원하는 서비스에는 노인이 관심 있어 할 만한 정보에 쉽게 접근할 수 있는 정보 구조가 요구된다.

이러한 연구 결과는 기존의 문헌에서도 알 수 있듯이 노인의 경우 온라인을 통한 사회적 관계 활동의 주요 동기가 정보 수집이나 제공과 같은 정보 공유 활동임을 뒷받침한다. 이러한 과정에서 상대방에 대한 사회적 신뢰가 온라인을 통한 사회적 관계 활동의 전반적인 만족도에 영향을 미치기 때문에 노인을 위한 사회적 관계 활동을 지원하는 시스템을 개발할 때 사회적 신뢰를 고려하여야 할 것이다.

세부연구 1에서 온라인 소셜 네트워크에 대한 노인들의 전반적인 사용행태를 살펴보았다면, 세부연구 2는 노인들의 소셜 네트워크를 효과적으로 지원할 수 있는 방안을 모색하고자 모바일 환경에 초점을 맞추어 진행하였다. 최근 젊은 사람뿐 아니라 노인들의 모바일 기기 활용도도 점차 증가하여 이에 대한 필요 역시 증가하고 있다. 온라인 소셜 네트워크를 지원하는 방안이 단순히 PC에 머물러 있는 것이 아니라 점차 모바일 환경으로 전환되는 시점이고 또한 모바일 기기가 노인들의 사회적인 관계를 효과적으로 지원해 줄 수 있는 도구로 활용될 가능성이 충분하기 때문에 세부연구 2에서는 노인의 모바일 기기 중 특히 휴대폰의 사용에 대한 연구를 진행하였다.

2. 세부연구 2: 노인의 성공적인 노화(Successful Aging)를 위한 모바일 사용자 경험에 대한 연구

1) 세부연구 2의 목적 및 범위

본 세부연구 2는 노인의 온라인 소셜 네트워크를 지원하는 일환으로 모바일 커뮤니케이션에 초점을 맞추어, 사용자 경험요인을 바탕으로 한 인터랙션(Interaction) 및 인터페이스(Interface) 요인 개선 방안을 도출하는 것을 목적으로 진행하였다. 세부적으로는 1) 휴대폰을 통한 노인의 소셜 네트워크를 지원하는 사용자 경험요인을 파악하고 2) 노인이 가진 자원(Resource) 상황에 따라 사용자 경험요인 간에 어떠한 차이가 발생하는지 파악하고 3) 가능한 자신(Possible Selves) 이론을 근간으로 하여 성공적인 노화를 위한 모바일 사용자 경험에 대한 이론적 모형을 수립하고자 하였다.

이러한 연구 목적을 달성하기 위해 본 연구는 〈그림 3-2-1〉과 같이 3가지 단계의 연구 범위를 구분하여 진행하였다.

(1) 노인층의 모바일 서비스 사용에 관한 기존 논문 및 심층 인터뷰를 통해 노인층의 사회적 활동에 대한 근본 필요(Needs) 파악
(2) (1)의 결과로서 파악된 필요를 가설화하여 설문을 통해 정량적으로 분석・검증함으로써 발견된 필요에 대한 타당성 확보
(3) 검증된 필요를 구축하고자 하는 모바일 기기를 통해 소셜 네트워크에 시스템적으로 반영할 수 있는 요인 도출

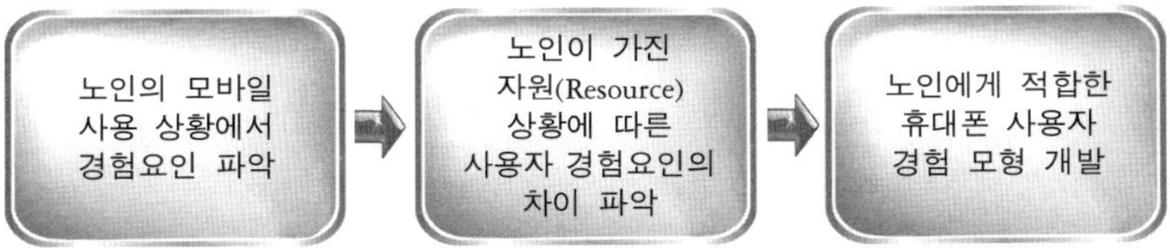

〈그림 3-2-1〉 세부연구 2의 범위와 내용의 도식화

2) 세부연구 2의 연구 방법

본 세부연구 2에서는 크게 3가지 방법론인 문헌 조사, 정성적 연구, 정량적 연구 및 실험이 이루어졌다.

(1) 문헌 조사

먼저 문헌 조사는 노인이 보다 적극적으로 모바일 서비스를 사용하게끔 할 수 있는 단초를 얻는 데에 초점을 두어 그에 관한 기존 문헌을 검토 및 정리하는 작업으로, 이를 위해 노인학, 심리학, 사회학 등 다양한 문헌을 검토하였다.

문헌 조사를 통해 얻은 이론적 개념은 아래와 같다.

① 성공적인 노화

성공적인 노화는 노인학에서 주로 다뤄지는 개념으로 질병의 부재나 낮은 위험 정도, 정신적 · 신체적 기능이 잘 수행되는 정도, 그리고 삶에 적극적으로 참여하는 정도에 대한 객관적인 측정으로 정의된다. 이러한 성공적인 노화는 건강한 노화, 적극적인(active) 노화와 중첩되는 개념으로 누군가의 잠재적・심리적・사회적 웰빙(well-being), 삶에 대한 만족, 적응, 극기나 제어의 측면을 통해서 이루어진다. 즉, 성공적인 노화는 노인이 인지하는 삶의 질을 이루기 위한 하나의 과정이자 결과라고 할 수 있다.

② 가능한 자신

가능한 자신은 발달심리학에서 활용되는 이론인데 미래 상태에서의 자기를 독특하게 나타내는 것으로, 자신이 삶의 영역에서 무엇이 될 것인가에 대한 기대, 희망, 두려움을 나타내며, 개인의 성장과 발달에서 하나의 틀과 가이드로 작용한다. 가능한 자신은 자신이 될 수 있다고 생각하는 자신, 되고 싶다고 생각하는 자신, 그리고 되길 꺼려하는 자신을 포함한다. 이러한 가능한 자신은 개인의 고유한 사회문화적・역사적 상황에서 도출되거나 미디어에서 표현되는 이미지, 개인의 사회적 경험을 통해 도출된다.

특히 가능한 자신은 미래의 특정 모습을 위한 동기로 작용하기 때문에 노인의 심리적 웰빙(Psychological Well-being)과 연관된다.

③ **선택, 최적화, 보상 이론**(SOC; Selection, Optimization and Compensation Theory)

선택, 최적화, 보상(이하 SOC) 이론은 생애발달심리학(Lifespan Development Psychology) 분야에서 일생 동안의 성장과 감퇴를 설명하는 이론으로 제한된 자원 상황에서 개인의 목표를 달성하기 위해 사용하는 전략 과정을 설명한다. 즉, SOC 이론은 자신이 가지고 있는 자원을 능률적으로 활용하여 성공적인 노화를 위한 인생 관리 전략이라고 할 수 있다. 여기서 개인적 자원(Personal Resource)은 수입, 교육, 건강, 사회적 관계 등을 의미한다.

각 개념에 대한 보다 자세한 기술과 본 연구에의 적용은 3) 세부연구 2의 결과 아래 (1) 문헌 조사 결과에 기술되었다.

(2) 정성적 조사

두 번째인 정성적 조사는 노인에게 적합한 휴대폰의 사용자 경험 요인을 파악하기 위해 이루어진 것으로, 다양한 방법론이 행해졌다. 정성적 연구를 위해 수행한 연구 방법론은 사용자 인터뷰, 참여관찰(Participation Observation), 정적관찰법(Flying on the wall), 총 3가지로 각각의 방법론은 다음과 같다.

① 사용자 인터뷰

노인에게 적합한 휴대폰 사용자 경험을 파악하기 위해 본 세부연구에서는 서울 각지의 노인 복지 기관의 협조를 통해 65세 이상의 노인 11명을 대상으로 반구조화된 인터뷰(Semi-Structured Interview)를 진행하였다. 인터뷰는 휴대폰의 외적인 부분, 기능에 대한 인식과 사용경험, 사람들과의 의사소통 양식을 중심으로 이루어졌다. 인터뷰는 1인당 평균 1시간 정도로 진행되었으며, 인터뷰를 마친 후 소정의 사례비로 3만원씩을 지급하였다.

모든 인터뷰는 참가자의 동의를 얻어 녹음하였으며, 각각의 인터뷰 내용은 녹취하여 근거 이론(Grounded Theory)에서 제시하고 있는 개방 코딩, 축코딩, 선택코딩의 과정을 거쳐 분석하였다. 이러한 과정을 통하여 본 연구에서는 노인의 성공적인 노화를 위한 휴대폰 사용 경험 요인들을 도출하였다.

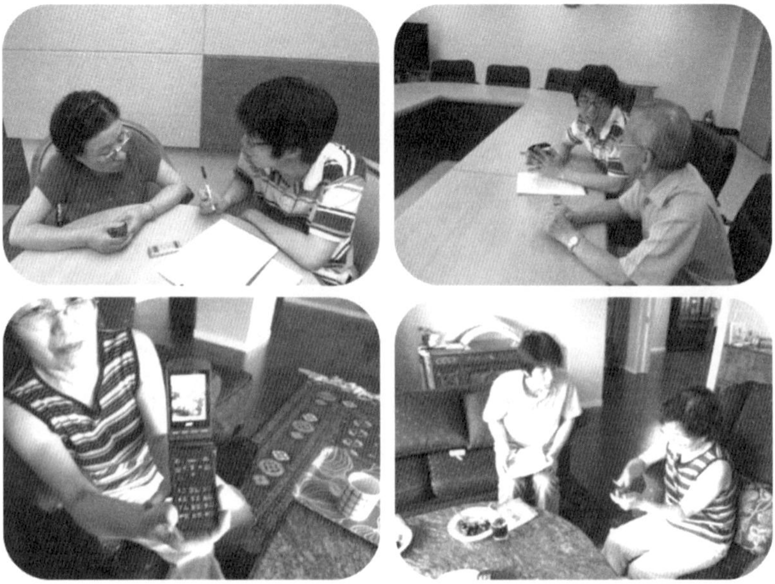

〈그림 3-2-2〉 사용자 인터뷰 진행 사진

② Participation Observation

Participation Observation은 단순히 사용자를 관찰하는 행위를 넘어서 실제로 사용자들의 생활 영역에서 그들의 활동을 몸소 체험하면서 그들의 사용 행태를 적극적으로 관찰하는 방법론이다. 본 세부연구에서는 노인들의 휴대폰 사용 행태를 적극적으로 관찰하기 위해 실제 노인 복지 회관에서 노인을 대상으로 진행하는 휴대폰 도우미 봉사 활동을 참여하였으며, 이를 통해 노인들이 실제로 휴대폰을 사용하면서 어떠한 어려움이 있는지 파악할 수 있었다.

〈그림 3-2-3〉 Participation Observation 진행 사진

③ Flying on the wall

Flying on the wall 방법론은 이름 그대로 연구자가 마치 벽처럼 실제 사용자들의 행동에 관여하지 않은 채 관찰 중심으로 사용자들을 연구 조사하는 방법론이다. 본 세부연구에서는 일반적인 환경에서 노인들의 생활 행태와 휴대폰 사용 행태를 파악하기 위해 서울 각지의 백화점에서 노인들의 행태를 관찰하였다.

〈그림 3-2-4〉 Flying on the wall 진행 사진

(3) 정량적 조사

세 번째인 정량적 연구를 위해 본 세부연구에서는 설문조사 방법론을 활용하였다.

데이터 수집은 국내의 여러 노인복지관의 협조를 얻어 65세 이상의 휴대폰 사용자들을 대상으로 실시하였다. 노인들의 경우 온라인으로 설문하는 것 자체에 대해 익숙하지 않아 설문하는 과정에서 어려움을 호소하는 경우가 많다고 알려져 있기 때문에, 본 연구에서는 노인복지관을 직접 방문하여 오프라인으로 설문을 진행하였다. 총 응답자는 227명이었으며, 이중 불성실응답자 및 인터넷 사용 경험이 부족한 설문 응답자의 데이터를 제외한 182명의 데이터를 최종 분석에 사용하였다. 보다 구체적인 설문 응답자의 인구 통계학적 정보는 〈표 3-2-1〉과 같다.

3) 세부연구 2의 연구 결과

(1) 문헌 조사 결과

① 성공적인 노화

성공적인 노화는 노인학에서 주로 다뤄지는 개념(Hsu, 2007)으로 질병의 부재나 낮은 위험 정도, 정신적·신체적 기능이 잘 수행되는 정도, 그리고 삶에 적극적으로 참여하는 정도에 대한 객관적인 측정

〈표 3-2-1〉 유효 설문 응답자의 인구 통계학적 정보

평균 나이	남성 응답자 수	여성 응답자 수
70.04세	87명(47.80%)	95명(52.20%)

으로 정의된다(Rowe and Kahn, 1997). 이러한 성공적인 노화는 건강한 노화(Healthy Aging), 적극적인 노화(Active Aging)와 중첩되는 개념으로 누군가의 잠재적 · 심리적 · 사회적 웰빙(well-being), 삶에 대한 만족, 적응, 극기나 제어의 측면을 통해서 이루어진다(Bowling, 2008). 즉, 성공적인 노화는 노인이 인지하는 삶의 질을 이루기 위한 하나의 과정이자 결과라고 할 수 있다(Bowling, 2008).

실제로 HCI(human-computer interaction) 분야에서도 노인을 위한 테크놀로지의 발전은 노인의 성공적인 노화를 돕는 방향으로 진행되고 있다(Buiza *et al.*, 2009). 하지만 노인의 관점에서 성공적인 노화를 이루기 위해 어떠한 요인들이 필요한지에 대한 연구가 부족한 실정이며(Hsu, 2007), HCI 분야에서 새로운 기술이 이를 어떻게 지원해 줄지에 대한 연구도 아직 부족한 실정이다.

이러한 배경에서 본 연구에서는 궁극적으로 노인의 성공적인 노화를 이루기 위해 사용자 만족에 영향을 미치는 다양한 요인이 무엇인지 알아보고자 한다.

② 가능한 자신

가능한 자신은 발달심리학에서 활용되는 이론으로(Morgan, 1993), 미래 상태에서의 자기를 독특하게 나타내는 것이다. 자신의 삶의 영역에서 무엇이 될 것인가에 대한 기대, 희망, 두려움을 나타내며, 이는 개인의 성장과 발달에서 하나의 틀과 가이드로서 작용한다(Markus and Nurius, 1986). 즉, 가능한 자신은 자신이 될 수 있다고 생각하는 자신, 되고 싶다고 생각하는 자신, 그리고 되길 꺼려하는 자신을 포함한다. 이러한 가능한 자신은 개인의 고유한 사회문화적 · 역사적 상황에서 도출되거나 미디어에서 표현되는 이미지, 개인의 사회적 경험을 통해 도출된다(Markus and Nurius, 1986).

특히 가능한 자신은 미래의 특정 모습을 위한 동기로 작용하며, 정의에 따라 긍정적 혹은 부정적인 동기로 작용할 수 있다(Morgan, 1993). 즉, 개인은 긍정적인 자신을 위해 노력하거나, 부정적인 자신을 위해 회피하는 행동을 취할 수 있는 것이다. Ryff에 따르면 노인에게 가능한 자신은 심리적 웰빙(Psychological Well-being)과 연관되어 있다고 하였으며(Ryff, 1991), 이러한 측면에서 가능한 자신은 궁극적으로 성공적인 노화에 긍정적인 영향을 끼칠 것이다.

일반적으로 노인의 경우 자신의 현재 모습을 긍정적으로 여기고 미래를 불길하게 보는 경향이 있기 때문에 젊은 사람들에 비해 가능한 자신을 통제하려 하며, 이로써 현재의 모습과 가능한 자신 간의 격차가 줄어들게 된다. 또한 Frazier와 그의 동료 연구자들의 연구(Frazier *et al.*, 2000)에 따르면 노인의 경우 최대한 독립적인 모습을 유지하려 하고, 육체적인 측면에서도 긍정적인 가능한 자신을 보이곤 하였으며, 가족 간의 관계에서는 홀로 남기 싫어하는 즉 부정적인 가능한 자신을 보였다.

이러한 가능한 자신은 마케팅 분야에서 활용되고 있다. 가능한 자신은 추후 자신을 위한 동기로 작용하기 때문에 소비 행동에 대한 주요 동기로도 작용할 수 있는 것이다. 즉, 되고 싶다고 생각하는 자신이나 되길 꺼려하는 자신을 위해 제품이나 서비스를 구매하게 된다. Patrick et al.의 연구에 따르면 사람들은 되길 꺼려하는 자신보다는 되고자 하는 자신을 위해 제품이나 서비스를 구매하는 것으로 나타났으며, 두 가지 종류의 가능한 자신을 위해 제품이나 서비스를 구매하는 행위는 삶과 밀접한 연관이 있다고 하였다(Patrick *et al.*, 2002). 또한 Lee et al.의 연구에 따르면 소비자가 제품 구매를 거부하게 되는 여러 가지 동기 중에 하나는 제품의 이미지가 자신이 바라지 않는 이미지를 나타내기 때문이다(Lee *et al.*, 2009).

HCI 분야에서는 개인화(Custornization)가 자신이 희망하는 모습을 향하게 하는 데 도움이 된다는 질적 연구 결과(Oulasvirta and Blom, 2007)를 제외하고 가능한 자신에 관한 연구가 없었다. 즉, 노인의 가능한 자신의 관점에서 사용자 경험을 접근한 경우를 찾아볼 수 없었으며, 특히 되고 싶다고 생각하는 자신과 되길 꺼려하는 자신, 두 가지의 자신을 동시에 바라본 경우 역시 찾아볼 수 없었다.

대부분의 연구들은 제품이 노인에게 가져다주는 긍정적인 효과만 바라보거나 제품을 통해서 노인이 느끼는 부정적인 측면에만 주목하였다. 그런 의미에서 본 연구는 노인이 생각하는 정보통신기술(ICT; Information and Communication Technology)을 통한 경험요인들이 어떻게 되고 싶다고 생각하는 자신과 되길 꺼려하는 자신에 속하며, 궁극적으로 노인의 성공적인 노화에 어떠한 영향을 미치는지 알아볼 것이다.

③ **선택, 최적화, 보상 이론**(SOC; Selection, Optimization and Compensation Theory)

선택, 최적화, 보상(이하 SOC) 이론은 Lifespan Development Psychology 분야에서 일생 동안의 성장과 감퇴를 설명하는 이론으로 제한된 자원 상황에서 개인의 목표를 달성하기 위해 사용하는 전략의 과정을 설명하는 이론이다(Nimrod and Kleiber, 2007). 즉, SOC 이론은 자신이 가지고 있는 자원을 능률적으로 활용함으로써 성공적인 노화를 이루기 위한 인생관리전략(Life-Management Strategies)이라 할 수 있다(Baltes and Baltes, 1993). 여기서 개인적 자원(Personal Resource)은 수입, 교육, 건강, 사회적 관계 등을 의미한다(Baltes and Lang, 1997). 이러한 SOC 이론은 노인의 건강과 관련된 분야(Freund and Baltes, 2002; Gignac *et al.*, 2002), 사회적 관계(Lang and Carstensen, 1994), 그리고 인지적인 측면(Li *et al.*, 2001) 연구에서 주로 활용되었다.

SOC 이론에 따르면 성공적으로 늙은 노인은 3가지 전략, 즉 선택(Selection), 최적화(Optimization), 보상(Compensation)을 사용한다고 한다(Freund and Baltes, 1998). 선택은 에너지나 시간과 같은 제한된 자원을 현명하게 사용하는 것을 말하는데, 목표의 설정이나 우선순위 매기기, 도달하기 어려운 목표의 제거와 같이 선택하는 과정을 포함한다. 선택은 Elective와 Loss-based 선택 두 가지가 있는데, Elective 선택은 목표를 선택하는 것을 말하며, Loss-based 선택은 잃는 것을 고려하여 목표를 변경하는 것을 말한다.

둘째로 최적화(Optimization)는 내·외부 자원을 투자하여 성과를 극대화하는 과정으로, 집중의 정도, 목표 추구의 타이밍, 끈기, 새로운 기술 습득 등이 포함된다. 마지막으로 보상(Compensation)은 목표를 훼방하는 현실적인 제한에 대해 적응하는 과정으로 보조 공학(Assistive Technology), 타인의 도움을 받는 것, 새로운 기술이나 자원을 개발하는 것들이 이러한 전략에 해당한다.

SOC의 각각의 요인들은 함께 작동한다고 여겨지지만(Baltes and Carstensen, 2003), 일반적으로 하나나 두 개가 선호된다. Abraham과 Hansson의 연구에 따르면 자기결정(Self-determination)을 더 잘하는 사람의 경우 최적화와 보상보다는 선택을 선호한다. 또한 참을성 있고, 문제 중심의 대응 전략을 가지고 있는 사람은 선택과 보상보다는 최적화를 선호한다(Abraham and Hansson, 1995). Freund와 Baltes의 연구에 따르면 초고령자는 성공적인 노화를 위해서 선택보다는 최적화와 보상을 선호한다(Freund and Baltes, 1998).

SOC 이론에 따르면 살아가는 동안 성장과 감퇴의 균형을 잘 잡는 것이 성공적인 노화의 주요 요인이다(Jopp and Smith, 2006). 즉, 한정된 자원 내에서 노인은 자신의 목표, 즉 성공적인 노화에 도달하기 위해 대안적인 방법으로 다양한 기기를 활용하게 되는데, 이런 측면에서 노인은 성공적인 노화에 도달하기 위한 수단으로 다양한 ICT를 사용할 수 있을 것이며, 자신이 현재 가지고 있는 자원이 어떻게 되느냐에 따라 SOC 전략의 방향이 달라질 것이다. 즉, 자원이 많고 적음에 따라 노인이 ICT에 기대하는 필요(Needs) 및 욕구(Wants)도 달라짐을 의미한다.

기존의 연구들에서는 SOC 이론의 관점에서 자원에 따라 ICT를 통한 제품이나 서비스 사용이 어떻게 달라지는지를 살펴본 연구를 찾아볼 수 없었다. 그런 점에서 본 연구에서는 노인이 가진 자원의 많고 적음에 따라 성공적인 노화를 이루는 데 ICT의 어떠한 사용자 경험요인이 더 중요하게 작용하는지를 정량적으로 증명한다는 점에서 기존 연구와 차별화될 것이다.

(2) 정성적 조사 결과

본 세부과제에서는 다양한 정성적 조사 방법론을 토대로 노인의 휴대폰 사용자 경험요인을 도출하였다.

① 품위(Dignity)

품위는 'being worthy of respect'로 정의되며, 노인을 위한 제품을 개발할 때 가장 중요한 요인이라고 알려져 있다(Forlizzi *et al.*, 2004).

실제로 품위는 노인이 인지하는 삶의 질에 영향을 주는데(George, 1998; Jacelon *et al.*, 2004; Kane *et al.*, 2003), 일반적으로 노인은 기술이 자신의 품위를 해칠지 모른다고 여기는 경향이 있다(Lindley *et al.*, 2008).

인터뷰에 참가한 노인들은 삶에서 품위를 대단히 중히 여기며, 휴대폰을 통해서도 자신이 나이 든 만큼 가치 있고, 영예롭고, 존중받길 바랐다. 이러한 휴대폰의 품위는 제품의 외형이나 구입 과정, 제품 사용 상황 등 다양한 방면에서 표출된다. 예를 들어 인터뷰 참가자들은 휴대폰이 풍기는 이미지, 특히 색이 중후하거나 고상해야 자신의 품위를 드러낼 수 있다고 생각하였다. 또한 어떤 참가자는 휴대폰의 전반적인 이미지가 단순히 예쁘다기보다는 기본 기능을 충분히 만족시킬 때 품위를 충족시킬 수 있다고 하였다.

기존 연구에 따르면 노인들은 자신의 품위를 높이기 위해 자율성이 충족되어야 한다. 자율성은 자신이 얼마나 자기결정(Self-Determining)적이며, 독립(independent)적인가 하는 것으로 측정되는 것으로(Ryff, 1989) 독립성(Independence)이 품위 유지에 중요한 요인으로 여겨졌다(Webster and Bryan, 2009; Woolhead *et al.*, 2004). Forlizzi et al.의 연구에 따르면 노인은 신체적·인지적 능력 저하에도 불구하고 자신의 독립성을 유지시켜 주는 시스템을 선호한다(Forlizzi *et al.*, 2004). Lindley et al.의 연구에서도 노인의 나이에 따르는 육체적이고 정신적인 손상, 그리고 환경 변화의 영향을 최소화할 수 있도록 제품이 지원해야 하며, 이를 통해서 노인의 독립성을 충족시킬 수 있다고 하였다(Lindley *et al.*, 2008). 즉, 노인은 나이 듦에도 불구하고, 스스로 혹은 환경적으로 독립성을 유지하길 원하며, 이를 통해 자신의 품위를 충족시킬 수 있는 것이다. 이런 점에서 휴대폰이 개인 의사와 상관없이 자동으로 행해질 때 강한 거부감을 느꼈으며, 사용하기 쉬워서 자신이 휴대폰의 다양한 기능을 주도할 수 있을 때 품위가 충족될 수 있다고 느꼈다.

② 소속감(Sense of Belonging)

인터뷰 참가자들은 휴대폰을 통해 취미나 종교 활동과 같은 다양한 활동을 연계하여 사용하고 있었다. 노인들은 은퇴 이후에도 꾸준히 소속감을 느끼기 위해 다양한 활동에 참여하며(Frazier *et al.*, 2000), 이를 통해 삶의 만족도를 높일 수 있다(Fraser *et al.*, 2009). 실제로 노인에게 휴대폰은 가족을 포함하여 다양한 사회적 관계를 유지하게 하는 데 중요한 역할을 한다(Kurniawan, 2008). 이러한 측면에서 휴대폰을 통해 다양한 활동 참여를 지원하고 소속감을 느끼게 해주는 것이 필요하다.

③ 세대 간 연대감(Intergenerational Solidarity)

세대 간 연대감은 가족 구성원을 이어주는 감정(sentiment)과 태도(attitudes), 그리고 행동(behavior)으로(Bengtson and Roberts, 1991), 노인이 인지하는 삶의 질에 중요한 요인이라고 알려져 있다(Waid and Frazier, 2003). Leventhal의 연구에 따르면 노인을 위한 제품이 가져야 할 가장 중요한 요인 중에 하나는 가족과의 연대감 제공이다(Leventhal, 1997). 또한 다양한 논문에서 가족과의 연결감을 지원하는 제품이 노인이 인지하는 삶의 만족도를 높인다고 하였다.

실제로 인터뷰 참가자들은 가족들과 휴대폰을 통한 커뮤니케이션을 즐겼으며, 이를 통해 그들과 연결되어 있다는 기분을 느끼고, 친밀감과 애정을 느낄 수 있다는 사실에 대해서 대단히 만족함을 알 수 있었다.

④ **기술에 대한 불안**(Technology Anxiety)

노인들은 기본적으로 새로운 기술을 사용하는 것에 대해서 걱정이나 근심, 불안을 가지고 있다(Meuter *et al.*, 2003). 인터뷰 참가자들은 휴대폰의 전화 걸기나 문자 확인과 같은 기본 기능만 사용하는 것에 만족하며, 추가적인 기능을 배우고 사용하는 것을 포기하려는 경향이 있었다. 또한 봉사 활동을 진행하면서 노인들을 관찰한 결과, 휴대폰을 사용하면서 오작동이 일어나는 것을 두려워했으며, 나아가 이러한 오작동 때문에 휴대폰이 고장 나지 않을지 걱정하는 모습을 볼 수 있었다.

또한 노인들이 휴대폰을 잃어버릴까봐 두려워하는 모습 역시 볼 수 있었다. 이처럼 노인은 나이가 듦에 따라 자신의 인지적 능력의 저하로 인한 휴대폰 분실의 두려움, 제품 고장에 대한 두려움 등을 느끼므로 휴대폰에 대한 전반적인 만족도를 높이기 위해 이러한 기술에 대한 불안 관련 요인을 줄일 필요가 있다.

⑤ **낙인찍히지 않기**

노인을 대상으로 휴대폰 기능을 알려주면서 많은 노인들이 자신이 늙었다는 것을 드러내는 것을 싫어하고, 부끄러워하는 것을 관찰할 수 있었다. 실제로 노인들은 자신이 전화번호 찾기나 문자 전송과 같은 기본적인 기능을 사용하지 못한다는 사실을 부끄러워하고 있었다.

Sokoler와 Svensson의 연구에 따르면 노인을 disabled, needy, weak 등 pathetic한 시점으로 바라보지 않는 Non-Stigmatizing 테크놀로지 개발이 필요하다고 하였으며, 애초에 노인을 불쌍한 사람, 외로운 사람, 핸디캡이 있는 사람으로 설정을 하면 낙인찍힌 디자인이 나오기 쉬우며, 이러한 낙인찍기는 노인들에게 거부감을 일으킬 수 있다고 하였다(Sokoler and Svensson, 2007). 또한 노인 스스로가 자신을 늙었다고 인지하는 것이 새로운 제품에 대한 걱정을 낳고, 새로운 기술에 대한 저항감에 영향을 준다고 하였다. 이러한 측면에서 자기 스스로 늙었다고 자각하지 않도록 하는 휴대폰을 개발하는 것이 필요하다.

(3) 정량적 조사 결과

① 가능한 자신에 근간한 UX모형

Bouma et al.의 연구에 따르면 ICT에서 중요한 것은 노인들로 하여금 세상과 끊임없이 소통하고, 독립적인 삶을 유지할 수 있도록 함으로써 노인이 인지하는 삶의 질을 향상시키도록 하는 것이다(Bouma *et al.*, 2004). Melenhorst et al.의 연구에 의하면 노인은 실제로 ICT를 통해 다른 사람들과 소통하고 가족과의 유대감을 느끼는 등 관계적 측면에서는 긍정적인 측면을, 제품 사용 상황에서 발생하는 실수에 대한 불안이나 기술적으로 접근하기 어렵다고 생각하는 것에서는 부정적인 측면을 느낀다(Melenhorst *et al.*, 2006). 또한 Forlizzi et al.에 의하면 노인이 제품을 사용할 때 제품을 통해 존경받는 느낌을 받도록 하는 것이 노인을 위한 제품을 개발할 때 가장 중요한 요인이다(Forlizzi *et al.*, 2004). 이러한 문헌 연구를 통해 본 연구에서는 노인으로 하여금 성공적인 노화를 이루었다고 느끼게 하는 ICT 경험요인들을 품위(Dignity), 자율성(Autonomy), 연대(Relatedness), 통합(Solidarity), 기술에 대한 불안(Technology Anxiety), 그리고 Image Barrier로 규정하였다.

실제로 위에서 언급한 경험요인들은 Patrick et al.의 연구에서 제시한 가능한 자신 코딩 기준에 〈표 3-2-2〉와 같이 적용할 수 있다

〈표 3-2-2〉 Possible Selves에 적용한 ICT와 관련된 경험요인

Hoped for Selves		Feared Selves	
Active	Relatedness	Low Self-Esteem	Image Resistance
Model	Dignity	Lacking computer skills	Technology Anxiety
Good Parent, Strong/ Stable Relationship	Solidarity		
Independent	Autonomy		

(Patrick *et al.*, 2002). 〈표 3-2-2〉에서 볼 수 있듯이 품위, 자율성, 연대, 그리고 통합과 같은 경험요인들은 희망하는 자아(Hoped-for Selves)에 속하며, 반대로 기술에 대한 불안과 Image Barrier는 회피하고 싶은 자아(Feared Selves)에 속한다고 할 수 있다. 이를 바탕으로 본 연구의 구조모형은 〈그림 3-2-5〉와 같다.

가능한 자신 이론의 관점에서 소비자는 자신의 목표, 즉 희망하는 자아를 위해 추구하는 제품을 구입하며, 반대로 회피하고 싶은 자아를 피하기 위해 제품을 구매하지 않는다고 한다(Patrick *et al.*, 2002). 앞서 언급하였듯이 가능한 자신은 노인의 성공적인 노화에 긍정적인 영향을 미치기 때문에(Ryff, 1989), ICT를 사용하면서 자신의 희망하는 자아가 충족된다면 자신의 인생 목표이자 결과인 성공적인 노화에 도달할 수 있을 것이다. 그러므로 희망하는 자아를 구성하는 경험요인인 품위와 연대를 성공적인 노화에 직접적인 영향을 주는 요소로 보았다.

이와는 반대로 자신의 회피하고 싶은 자아를 충족하면 성공적인 노화에 반하는 결과를 낳기 때문에 성공적인 노화에는 부정적인 영향을 미칠 것이다. 따라서 회피하고 싶은 자아의 경험요인인 Image resistance가 성공적인 노화에 직접적인 영향을 줄 수 있을 것으로 생

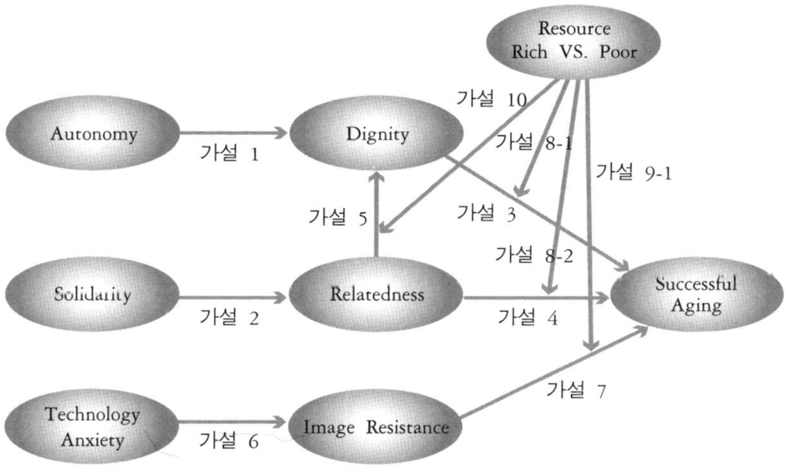

〈그림 3-2-5〉 연구모형

각했다.

자율성, 통합, 기술에 대한 불안과 같은 경험요인의 경우 성공적인 노화에 직접적인 영향을 준다기보다는 더 근원적이고 간접적인 영향요소라고 보아 2차적인 영향요소로 모형에 포함하였다. 품위는 능동성을 기반으로 하므로 자율성이 그에 영향을 줄 것이라고 보았으며, 통합은 관계적인 속성을 의미하므로 연대의 영향요소라고 보았다. 마지막으로 기술에 대한 불안은 인터뷰에서 자주 관찰되었듯 '디지털 기기에 익숙하지 않은 모습'을 꺼리는 노인들의 행동에서 미루어 보았을 때, image resistance에 영향을 줄 것이라고 보았다.

이론적 모형에 반영된 경험요인들 이외의 요인들은 기술을 통해 보조하기가 어렵거나(good parent, lacking computer skills 등) 개인 특성(low self-esteem, independent)에 달린 것이라고 보아 모형에 포함시키지 않았다.

이를 기본모형으로 하여 외부적 환경요인과 보유자원에 대한 개인차가 영향요인 간의 관계를 다르게 할 것이라고 보아, 이를 조절 변수로 적용하였다.

세부가설과 그 근거는 다음 절에 자세히 기술하였다.

② 희망하는 자아(Hoped for Selves)

자율성

Ryff의 연구(Ryff, 1989)에 따르면 자율성은 자신이 얼마나 Self-Determining하며, independent한가를 의미하며, 기술이나 제품 사용 상황에서는 자신이 스스로 제품을 얼마나 통제할 수 있느냐의 측면으로 적용될 수 있다(Hernández-Encuentra *et al.*, 2009).

이러한 자율성은 여러 문헌에서 개인의 품위를 유지하는 데 영향을 주는 중요한 요인으로 여겨졌다. Webster와 Bryan의 정성적인 연구(Webster and Bryan, 2009)에서는 연구 참가자들이 Independence를 상실할 경우 품위는 감소한다고 느끼는 것을 발견했으며, Woolhead와 동료 연구자들의 정성적인 연구(Woolhead *et al.*, 2004)에서도 연구 참가자들이 자신의 인지적 능력이 감소함에도 불구하고 자율성을 유지한다고 느낄 때 품위도 느낀다는 것을 발견하였다. 또한 George의 연구(George, 1998)에서도 노인에게 자율성이 품위를 높여주는 데 기여한다는 점이 드러났다. 노인학 측면에서뿐만 아니라 HCI 측면에서도 자율성의 유지가 품위와 관련되어 있다고 하였다(Lindley *et al.*, 2008). 즉, 노인은 ICT를 사용할 때 자신의 의지대로 통제할 수 있어야 기술이 자신을 무시하지 않는다고 판단하며, 이를 통해 자신의 품위를 유지 및 향상시킬 수 있다고 느끼는 것이다. 이러한 측면에서 본 연구는 다음과 같은 가설을 세웠다.

가설 1: 노인이 인지하는 자율성은 노인이 인지하는 품위에 긍정적인 영향을 미칠 것이다.

세대 간 통합

세대 간 통합(Intergenerational Solidarity)은 앞서 언급하였듯이 가족 구성원 간의 유대감을 의미하는 것으로(Merz *et al.*, 2007), 노인이 인지하는 삶의 질에 중요한 요인이며(Waid and Frazier, 2003), 연대에 긍정적인 영향을 끼친다고 알려져 있다(Merz *et al.*, 2007).

연대는 사회적 맥락 속에서 다른 사람들과 단단한 관계를 추구하고 발전시키고자 하는 인간의 기본적 심리욕구로(Deci and Ryan, 1985), 주변의 타인들과 연결되어 있다는 느낌과 관련되며, 소속감과도 비슷하다(Standage *et al.*, 2003).

이와 같이 연대에서 언급하는 타인이라는 것은 결국 가족을 포함하는 개념이기 때문에, 가족과 연결되어 있다는 느낌을 받는다면 결국 타인과도 연결되어 있다고 느끼게 될 것이다. 실제로 세대 간 통합이라는 개념은 근본적으로 사람들 간의 전반적인 관계를 의미하는 Solidarity라는 개념에서 가족 구성원으로 그 범위가 한정된 것이기 때문에(Bengtson and Roberts, 1991), 이러한 측면에서 세대 간 통합은 연대에 긍정적인 영향을 끼칠 것이다.

가설 2: 노인이 인지하는 세대 간 통합은 노인이 인지하는 연대에 긍정적인 영향을 미칠 것이다.

품위

품위는 앞서 언급하였듯이 노인이 기술이나 제품을 사용하는 상황에서 중요한 요인으로(Forlizzi *et al.*, 2004), QOL에 긍정적인 영향을 준다고 알려져 있다(George, 1998; Jacelon *et al.*, 2004; Kane *et al.*, 2003).

가능한 자신 이론에 따르면 노인은 나이듦에도 불구하고 자신의 상태를 유지하길 바라며(Smith and Freund, 2002), 타인에게 모범이 되는 모습이 되어 다른 사람들의 인정과 존경을 받을 수 있길 바란다(Ryff, 1991). 품위가 가치 있고, 영예롭고, 존중받는 가치 또는 상태를 의미한다는 점에서 품위는 노인이 바라는 가능한 자신, 즉 희망하는 자아에 속한다고 할 수 있다.

앞서 언급하였듯이 가능한 자신 이론의 관점에서 희망하는 자아에 속하는 요인들은 노인이 인지하는 성공적인 노화에 긍정적인 영향을 미치기 때문에, 노인들은 휴대폰이 자신의 품위를 느끼게 해줄 때 자신의 성공적인 노화가 달성되었다고 느낄 것이다. 이에 본 연구에서는 다음과 같은 가설을 세웠다.

가설 3: 노인이 인지하는 품위는 노인의 성공적인 노화에 긍정적인 영향을 미칠 것이다.

연대

ICT의 발전은 노인이 다른 사람들과 의사소통을 할 때 장애물로 작용하는 지리적 거리감이나 시간적 거리감을 극복하게 함으로써 삶의 질을 향상하도록 도와준다(Vetere *et al.*, 2009).

앞서 언급하였듯이 연대는 다른 사람들과의 관계를 추구하려는 욕구다. Activity Theory에 따르면 수많은 연구에서 다양한 활동에 대한 참여와 삶의 만족도 혹은 심리적 웰빙 간에는 긍정적인 관계가 있음이 밝혀졌다(Nimrod and Kleiber, 2007). Fraser et al.의 질적 연구에 따르면 노인은 은퇴 이후에도 계속적으로 다른 사람들과 상호작용하기 위해서 다양한 활동에 참여한다(Fraser *et al.*, 2009). 실제로 노인에게 휴대폰과 같은 ICT는 가족을 포함하여 다양한 사회적 관계를 유지하게 하는 데 중요한 역할을 한다(Kurniawan, 2008).

가능한 자신의 이론에 따르면 노인에게 다른 사람과의 관계를 계속적으로 유지하는 것은 희망하는 자아에 속한다(Patrick *et al.*, 2002; Ryff, 1991; Smith and Freund, 2002). 이러한 측면에서 노인의 경우 ICT를 통해 다양한 활동 참여를 지원함으로써 타인들과 얼마나 많은 관계를 맺고, 어느 정도의 친밀감을 유지하고 있는지에 대한 지각을 높여준다면 노인은 휴대폰을 통해 자신의 성공적인 노화를 느낄 수 있을 것이다. 이에 본 연구에서는 다음과 같은 가설을 세웠다.

가설 4: 노인이 인지하는 연대는 노인의 성공적인 노화에 긍정적인 영향을 미칠 것이다.

또한 기존의 다양한 연구에서 연대와 품위와의 관계를 규명하였다. Jacobson의 연구에 따르면 다른 사람들과의 관계를 통해 노인이 인지하는 품위를 높여줄 수 있다는 것이 질적 연구를 통해 밝혀졌다(Jacobson, 2009). George의 연구에서도 사회적 관계를 통하여 품위를 느낄 수 있으며, 품위를 통해 궁극적으로 삶의 질을 높일 수 있다고 하였다(George, 1998). 또한 Woolhead et al. 역시 질적 연구를 통해 다른 사람들과의 커뮤니케이션 부족이 노인이 인지하는 품위를 위협한다는 결과를 도출했다(Woolhead *et al.*, 2004). 이러한 측면에서 노인의 경우 ICT를 통해 연대가 충족되면 품위 역시 느끼게 될 것이다. 이에 본 연구에서는 다음과 같은 가설을 세웠다.

가설 5: 노인이 인지하는 연대는 노인이 인지하는 품위에 긍정적인 영향을 미칠 것이다.

③ 회피하고 싶은 자아(Feared Selves)

기술에 대한 불안

기술에 대한 불안은 앞서 언급하였듯이 기술적 기기 및 서비스에 대한 전반적인 두려움으로(Meuter *et al.*, 2003), 기술에 대한 불안도 Computer Anxiety와 유사하게 젊은 사람에 비해 노인이 더 높다고 알려져 있다(Meuter *et al.*, 2003).

Image Resistance는 제품이나 서비스에 대해 일반적으로 가지는 이미지를 의미하는 것으로, 해당 제품이나 서비스를 사용하기 어렵다고 느끼는 이미지로 정의된다(Fain and Roberts, 1999). Kay의 연구에 따르면 기술에 대한 불안은 제품에 대한 Image Resistance에 긍정적인 영향을 끼친다(Kay, 1993). 즉, 노인이 ICT에 대해서 어렵다고 느끼는 이유는 ICT에 대해 전반적인 두려움을 가지고 있기 때문이다. 이러한 측면에서 본 연구는 다음과 같은 가설을 세웠다.

가설 6: 노인이 인지하는 제품에 대한 기술에 대한 불안은 노인이 인지하는 제품에 대한 Image Resistance에 긍정적인 영향을 미칠 것이다.

앞서 언급하였듯이 Image Resistance는 새로운 기술에 대해 사용하기 어렵다고 느끼는 이미지로 기술 혁신에 대한 저항감의 일종이라 할 수 있다(Fain and Roberts, 1999; Laukkanen *et al.*, 2008). Patrick et al.의 연구에 의하면 제품을 사용할 때 자신이 새로운 기술 혁신에 적응하지 못해 자신감이 낮아지는 상황을 회피하고 싶은 자아로 여긴다(Patrick *et al.*, 2002). 또한 노인의 경우 기술 발전과 같은 새로운 변화를 받아들이지 못하는 모습은 자신이 늙었다는 것을 드러내는 것이라고 느끼기 때문에 그 자체를 꺼리게 된다(Ryff, 1991). 이런 점에서 Image Resistance는 노인이 꺼리는 가능한 자신, 즉 회피하고 싶은 자아에 속한다고 할 수 있다.

앞서 언급하였듯이 가능한 자신 이론의 관점에서 회피하고 싶은 자아에 속하는 요인들은 노인이 인지하는 성공적인 노화에 부정적인 영향을 미친다. 따라서 노인들은 휴대폰 때문에 Image Resistance를 느끼는 것이 결국 자신의 성공적인 노화 달성에 방해가 된다고 느낄 것이다. 이런 측면에서 본 연구는 다음과 같은 가설을 세웠다.

가설 7: 노인이 인지하는 제품에 대한 Resistance는 노인의 성공적인 노화에 부정적인 영향을 미칠 것이다.

④ SOC에 근간한 그룹 비교

노인학에서 자원(Resource)은 감각운동기, 인지적 · 개인적 · 사회적 분야에 대한 개인의 능력 및 재산을 의미하는 것이다(Baltes and Lang, 1997). 노인은 많은 자원을 가질수록 SOC 전략 중 특히 Compensation과 Optimization 전략을 더 잘 활용하며(Lang *et al.*, 2002), 자원을 사용 가능할 때 늙어가는 것에 대해서 더욱 저항하며, 모든 기능이 높은 수준을 유지하도록 노력한다고 알려져 있다(Staudinger *et al.*, 1995). 또한 자원이 많은 사람의 경우 자원이 적은 사람에 비해 회피하고 싶은 목표, 즉 회피하고 싶은 자아에 대한 저항감을 덜 가진다고 하였다(Heckhausen, 1997).

이러한 측면에서 똑같은 노인이라도 자원이 많고, 적으냐에 따라 희망하는 자아와 회피하고 싶은 자아에 속하는 요인들이 성공적인 노화에 미치는 영향이 달라질 것이다. 즉, 자원이 많은 노인일수록 희망하는 자아에 속하는 요인들이 성공적인 노화에 크게 영향을 미칠 것이며, 반대로 자원이 많을수록 회피하고 싶은 자아에 속하는 요인들이 성공적인 노화에 미치는 영향은 줄어들 것이다. 이에 본 연구에서는 다음과 같은 가설을 세웠다.

가설 8: 노인이 가진 자원이 많을수록 희망하는 자아(Hoped-for Selves)에 속하는 요인들이 성공적인 노화에 미치는 영향이 클 것이다.

가설 8-1: 노인이 가진 자원이 많을수록 품위가 성공적인 노화에 미치는 영향이 클 것이다.

가설 8-2: 노인이 가진 자원이 많을수록 연대가 성공적인 노화에 미치는 영향이 클 것이다.

가설 9: 노인이 가진 자원이 많을수록 회피하고 싶은 자아(Feared Selves)에 속하는 요인들이 성공적인 노화에 미치는 영향이 줄어들 것이다.

가설 9-1: 노인이 가진 자원이 많을수록 Image Resistance가 성공적인 노화에 미치는 영향이 줄어들 것이다.

품위는 사회적 관계를 통해 획득할 수 있는 것으로, 한 개인에게 영향을 미치는 자원의 적고 많음에 따라 품위 또한 달라진다(George, 1998). 즉, 자신의 자원이 많은 상황에서는 사회적 관계에 상관없이 자신의 품위를 높여줄 수 있는 것이 많은 반면, 자원이 적은 상황에서는 자신의 품위를 인지할 때 상대적으로 사회적 관계에 민감하게 반응하게 된다. 이러한 측면에서 본 연구에서는 다음과 같은 가설을 세웠다.

가설 10: 노인이 가진 자원이 많을수록 노인이 인지하는 연대가 노인이 인지하는 품위에 미치는 영향이 줄어들 것이다.

이러한 이론적 모형의 타당성을 실증적으로 검증하고자 본 세부연구에서는 Lisrel 8.80을 사용하여 분석하였다.

(4) 측정모형

본 세부연구에서는 측정도구의 신뢰성 및 타당성을 검증하기 위해 전체 데이터(N=182)의 측정모형에 대한 확증적 요인 분석을 실시하였다. 측정모형의 적합도 측면에서 본 연구는 표본 수(Sample Size)에 상대적으로 작은 영향을 받으면서 모형의 간명성을 반영하는 것으로 알려진 CFI(>0.90), NNFI(>0.90). 그리고 RMSEA(<0.80) 수치를 활용하였다(Browne and Cudeck, 1992; Hu and Bentler, 1999). 〈표 3-2-3〉에서 볼 수 있는 바와 마찬가지로 3개 적합도 수치는 모두 권장 기준치를 상회하였다.

〈표 3-2-3〉 측정모형의 모형 적합도

N	CFI	NNFI	RMSEA
182	0.971	0.963	0.0554

〈표 3-2-4〉 수렴 타당성 및 신뢰성

요인	항목	Factor Loading	t 값	개념 신뢰도	AVE
Successful Aging	SA1	0.72	9.78	0.777	0.538
	SA2	0.76	10.36		
	SA3	0.72	9.73		
Dignity	DIG1	0.81	11.96	0.818	0.601
	DIG2	0.81	12.01		
	DIG3	0.70	9.96		
Relatedness	REL1	0.71	10.36	0.834	0.627
	REL2	0.84	12.94		
	REL3	0.82	12.55		
Image Resistance	IR1	0.74	10.27	0.782	0.644
	IR2	0.86	12.07		
Autonomy	AU1	0.82	12.69	0.856	0.667
	AU2	0.90	14.31		
	AU3	0.72	10.67		
Inter-generational Solidarity	SOL1	0.74	10.56	0.807	0.583
	SOL2	0.78	11.22		
	SOL3	0.77	11.14		
Anxiety	ANX1	0.76	11.35	0.861	0.674
	ANX2	0.84	13.15		
	ANX3	0.86	13.50		

〈표 3-2-5〉 판별 타당성

	ANX	AU	SOL	DIG	IR	REL	SA
ANX	0.821						
AU	-0.275	0.817					
SOL	-0.127	0.342	0.764				
DIG	-0.002	0.427	0.432	0.775			
IR	0.714	-0.333	-0.134	-0.095	0.802		
REL	-0.046	0.415	0.630	0.522	-0.123	0.792	
SA	-0.233	0.282	0.191	0.383	-0.386	0.366	0.734

수렴 타당성(Convergent Validity)은 동일한 개념을 몇 가지의 다양한 방법으로 측정하였을 때 그 측정치들의 상관관계 정도를 평가하는 것이다(Fornell and Lacker, 1981). 수렴 타당성은 동일한 개념을 측정하기 위해 설계된 다른 문항 간에 얼마만큼의 상관관계가 있는지로 판단하거나, 측정모형에서 각 측정문항의 요인 적재량 수치와 그 수치의 t-value로 판단할 수 있다(Arnold and Reynolds, 2003). 〈표 3-2-4〉에 제시된 바와 같이, 각 문항의 요인 적재량 수치는 모두 0.70을 상회하며, t-value 또한 통계적으로 유의미한 것으로 나타났다. 그러므로 이와 같은 결과는 본 연구에서 제시된 7개의 개념을 측정하기 위한 총 20개의 설문 문항이 수렴 타당성을 확보했다는 것을 보여준다.

또한 본 세부과제에서는 측정도구의 신뢰성을 합성 신뢰도(Composite Reliability>0.70)와 평균 분산 추출(AVE: Average Variance Extracted>0.50) 수치를 기반으로 평가하였으며, 〈표 3-2-5〉에 제시된 바와 마찬가지로 모든 수치들은 측정모형에서 권장 기준을 상회하였다(Fornell and Lacker, 1981).

판별 타당성(Discriminant Validity)이란 상이한 구성 개념 간에는 측정 결과도 그에 상응하는 차이가 나타나야 한다는 것으로, 특정 개념에 대한 AVE의 제곱근 수치가 그 개념과 다른 개념들 간 상관관계 수치를 상회했을 때 확보된다(Fornell and Lacker, 1981). 〈표 3-2-5〉에서 볼 수 있듯이 각 개념 간의 상관관계 수치는 해당 요인 AVE 값의 제곱근이 다른 구성 개념들 각각의 상관계수 값을 초과하여 판별 타당성을 확보하고 있음을 확인하였다.

① **동일 방법 편의**(Common Method Bias)

본 세부연구에서는 동일한 참가자에 대해서 동일한 설문을 실시하였기 때문에 동일 방법 편의(Common Method Bias)가 발생할 수 있다. 그런 까닭에 실제로 동일 방법 편의가 연구 결과에 영향을 미치는지 알아보기 위해 본 하먼(Harman)의 단일 요인 분석(Single Factor Analysis)을 실시하였다(Podsakoff et al., 2003). 분석 결과, 총 5개 요인이 도출되었으며, 설명력도 24.89%에 그쳐 동일 방법 편의에 따른 문제가 심각하지 않은 것으로 판단된다.

(5) 구조모형

먼저 본 세부연구에서는 자원이 많은 집단과 적은 집단 간의 그룹 비교 가설인 가설 8－10을 검증하기 이전에, 전체 그룹(N=182)의 이론적 모형이 갖는 타당성 및 연구 가설을 실증적으로 검증하고자 LISREL 8.80을 활용하였다.

전체 데이터의 이론적 모형이 갖는 타당성을 검증한 결과, 〈표 3-2-6〉에서 볼 수 있는 것처럼 CFI(>0.90), NNFI(>0.90), 그리고 RMSEA(<0.80)와 같은 모형 적합도 수치가 권장 기준치를 상회하였다. 보다 구체적인 가설검증 결과는 〈그림 3-2-6〉에서 보는 바와 같다.

〈표 3-2-6〉 구조모형의 모형 적합도

N	CFI	NNFI	RMSEA
182	0.968	0.962	0.053

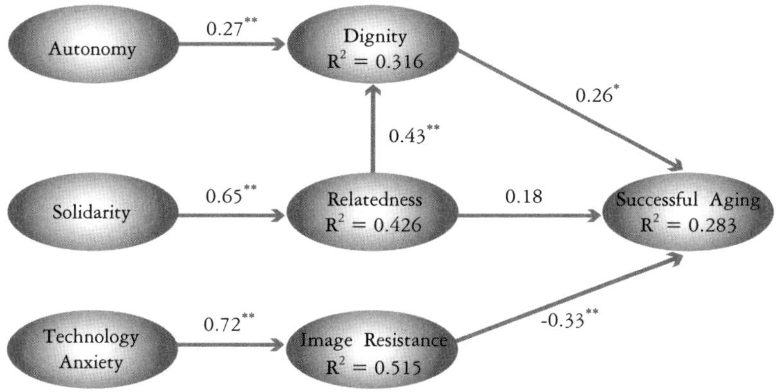

〈그림 3-2-6〉 가설검증 결과: 통합 모형

각각의 변인들로 인해 Successful Aging은 약 28%, 품위는 약 31%, 연대는 약 43%, 그리고 Image Resistance는 약 52%가 설명되었다.

가설검증 측면에서는 〈그림 3-2-6〉에서 볼 수 있는 것처럼 대부분의 가설이 지지되었다(p<.05). 단, 연대가 성공적인 노화에 미치는 영향(가설 4)은 p<.05 수준에서 통계적으로 유의미하지 않았다.

① 자원의 많고 적음에 따른 그룹 비교

본 세부연구에서 제시한 자원이 많은 집단과 적은 집단 간의 그룹 비교 가설인 가설 8−10을 검증하기 위해 PLS를 통해 그룹 비교를 진행하였다. 이는 PLS가 다른 구조모형 분석 도구에 비해 상대적으

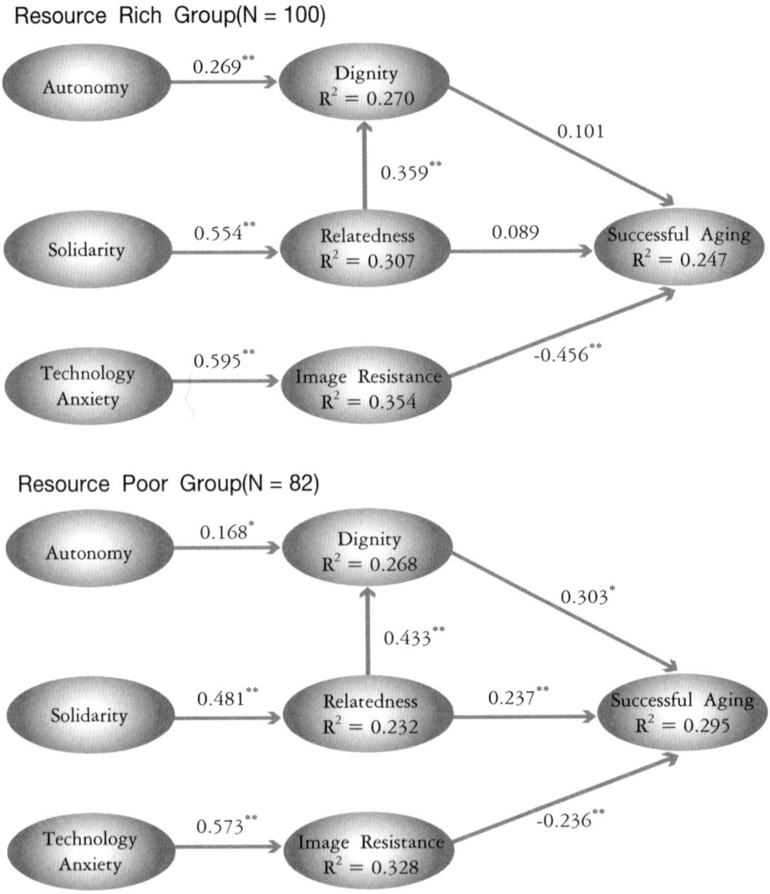

〈그림 3-2-7〉 가설검증 결과: Resource Rich, Poor 모형

로 참가자가 적은 경우에도 활용할 수 있기 때문이었다(Chin, 1998). 본 연구에서는 자료 분석을 위해 Smart PLS Version 2.0 M3을 활용하였다.

먼저 전체 그룹(N=182)대상의 자원 문항에서 많고 적음을 구분하기 위해 본 연구에서는 Lang et al.이 활용한 방법을 토대로 하였다(Lang *et al.*, 2002). 응답자들이 보유하고 있는 자원의 양을 측정한 문항들의 총 평균을 기준점으로 설문 참여자를 두 그룹으로 나누어 자원이 많은 집단은 100명, 적은 집단은 82명으로 구분하였다. 각 집단의 구조모형은 〈그림 3-2-7〉과 같다.

〈그림 3-2-7〉에서 볼 수 있듯이 Resource Rich 그룹에서는 품위와 연대가 성공적인 노화에 미치는 영향은 $p<.05$ 수준에서 통계적으로 유의미하지 않았으나, Resource Poor 그룹에서는 모든 가설이 통계적으로 유의미하였다.

본 연구에서 제시한 가설 8－10에 대한 그룹 비교를 위해 Keil et al.의 연구에서 제시한 방법을 사용하였는데(Keil *et al.*, 2000), 결과는 〈표 3-2-7〉과 같다. 〈표 3-2-7〉에서 볼 수 있듯이 본 연구에서 제시한 그룹 비교의 모든 가설을 자원의 많고 적음에 따라 차이가 존재함을 알 수 있었다.

〈표 3-2-7〉 Resource Rich, Poor 그룹에 따른 비교

	β High	β Low	β High-β Low	t-student	결과
Dignity à Successful Aging	0.101	0.303	-0.202	16.973	차이 존재
Image Resistance à Successful Aging	-0.456	-0.236	-0.22	17.504	차이 존재
Relatedness à Successful Aging	0.089	0.237	-0.148	12.360	차이 존재
Relatedness à Dignity	0.359	0.433	-0.074	7.559	차이 존재

② 매개 효과 분석

본 연구에서는 여러 관계에서 다양한 이론적 개념이 매개 변수로 활용되었다. 이러한 매개 변수들의 효과를 분석하기 위해 Sobel이 제시한 검정 과정을 거쳤다(Sobel, 1982). 그 결과는 〈표 3-2-8〉과 같다.

먼저 통합 모형에서는 〈표 3-2-8〉에서 볼 수 있듯이 대부분의 매개 효과 의미도가 p<.05 수준에서 통계적으로 유의미함을 알 수 있었다. 하지만 세대 간 통합과 성공적인 노화 간의 관계에서 연대의 매개 효과는 p<.05 수준에서 통계적으로 유의미하지 않음을 알 수 있었다.

또한 자원의 많고 적음에 따라 매개 효과의 유의미함이 달라졌다. 즉, 자원이 많은 경우에는 연대와 품위 간의 관계 차원에서 볼 때

〈표 3-2-8〉 매개 효과 분석 결과

	Path	Z	의미도
Combined	AU → DIG → SA	2.146911	유의미
	SOL → REL → SA	1.6858089	의미 없음
	REL → DIG → SA	2.2998869	유의미
	SOL → REL → DIG	3.4551273	유의미
	TA → IR → SA	-3.345785	유의미
Resource Rich	AU → DIG → SA	1.0830594	의미 없음
	SOL → REL → SA	1.0387752	의미 없음
	REL → DIG → SA	1.1092188	의미 없음
	SOL → REL → DIG	4.2661804	유의미
	TA → IR → SA	-4.48102	유의미
Resource Poor	AU → DIG → SA	1.9603761	유의미
	SOL → REL → SA	2.9331371	유의미
	REL → DIG → SA	3.237233	유의미
	SOL → REL → DIG	4.7883677	유의미
	TA → IR → SA	3.2526186	유의미

〈표 3-2-9〉 가설검증 결과 요약

	연구 가설	검증 결과
가설 1	노인이 인지하는 자율성은 노인이 인지하는 품위에 긍정적인 영향을 미칠 것이다	지지
가설 2	노인이 인지하는 세대 간 통합은 노인이 인지하는 연대에 긍정적인 영향을 미칠 것이다	지지
가설 3	노인이 인지하는 품위는 노인의 성공적인 노화에 긍정적인 영향을 미칠 것이다	지지
가설 4	노인이 인지하는 연대는 노인의 성공적인 노화에 긍정적인 영향을 미칠 것이다	기각
가설 5	노인이 인지하는 연대는 노인이 인지하는 품위에 긍정적인 영향을 미칠 것이다	지지
가설 6	노인이 인지하는 제품에 대한 기술에 대한 불안은 휴대폰에 대한 전반적인 만족도에 부정적인 영향을 미칠 것이다	지지
가설 7	노인이 인지하는 제품에 대한 Resistance는 노인의 성공적인 노화에 부정적인 영향을 미칠 것이다	지지
가설 8-1	노인이 가진 자원이 많을수록 품위가 성공적인 노화에 미치는 영향이 클 것이다	기각
가설 8-2	노인이 가진 자원이 많을수록 연대가 성공적인 노화에 미치는 영향이 클 것이다	기각
가설 9-1	노인이 가진 자원이 많을수록 Image Resistance가 성공적인 노화에 미치는 영향이 줄어들 것이다	기각
가설 10	노인이 가진 자원이 많을수록 노인이 인지하는 연대가 노인이 인지하는 품위에 미치는 영향이 줄어들 것이다	지지

연대와 기술에 대한 불안과 성공적인 노화 간의 관계에서 Image Resistance를 제외하곤 모든 매개 효과가 통계적으로 유의미하지 않았으나, 자원이 적은 경우에는 모든 매개 효과가 통계적으로 유의미함을 알 수 있었다.

본 세부연구는 성공적인 노화, 가능한 자신 이론, 그리고 SOC 이론을 바탕으로 노인이 성공적인 노화에 도달하기 위한 ICT 사용자 경험요인의 이론적 모형을 개발하고, 이를 휴대폰을 사용하는 상황에 적용한 설문조사를 통해 검정하였다. 본 세부연구에서 제시된 연구

가설들의 검정 결과는 〈표 3-2-9〉에 요약되어 있다.

〈표 3-2-9〉에서 볼 수 있듯이 가설 4와 가설 8, 그리고 가설 9를 제외하고는 다른 모든 가설이 지지되었다. 가설 4의 경우는 통합 그룹과 Resource Rich 그룹에서 지지되지 않았으나 Resource Poor 그룹에서는 지지되었다. 이러한 측면에 비추어 볼 때 노인에게 Relatedness는 자원이 풍족한 상황에서는 휴대폰을 통해 성공적인 노화에 커다란 영향을 미치지 않지만, 부족한 상황에서는 그 영향이 중대함을 알 수 있었다.

또한 가설 8과 9의 경우 자원의 많고 적음에 따라 차이 자체는 크게 존재하였으나 가설과 반대로 노인이 가진 자원이 많을수록 희망하는 자아에 주는 영향은 줄어들며, 회피하고 싶은 자아에 주는 영향이 증가하는 것을 볼 수 있었다. 이는 결국 SOC 이론의 관점에서 볼 때 노인이 성공적인 노화에 도달하기 위해 자원이 적은 상황에서 ICT를 통해 보완하려는 Compensation 전략을 사용함을 의미한다(Hernández-Encuentra *et al.*, 2009). 즉, 노인들은 자원이 적은 상태에서 휴대폰을 통해 자신의 품위나 연대와 같은 희망하는 자아를 덜 갈망하는 한편, 자원이 많을수록 자신의 부족하거나 피하고 싶은 모습에 더 예민하게 반응하는 것이다.

4) 세부연구 2의 결론 및 토의

2차연도에서 진행된 본 세부연구 2는 노인을 위한 휴대폰 사용자 경험요인을 파악함으로써 온라인 소셜 네트워크 프로토타입의 구축을 위한 방안을 마련하는 것을 목표로 하였다. 즉, 문헌 조사와 정성·정량적인 연구들을 토대로 도출된 노인에 대한 이해 및 노인을 위한 휴대폰이 가져야 할 특성(Feature)들, 그리고 앞선 1년간의 연구에서 발견한 온라인 소셜 네트워크의 결과를 모바일 기기를 통한 노인의 소셜 네트워크 지원 프로토타입 개발에 활용하고자 하였다.

구체적으로 세부연구 2는 이러한 노인의 휴대폰 사용 경험요인을 알아보기 위해 가능한 자신 이론, 그리고 SOC 이론을 바탕으로 노인이 성공적인 노화에 도달하기 위한 휴대폰 사용자 경험요인에 관한 이론적 모형을 개발하고, 설문조사를 통해 이를 검증하였다.

본 연구는 크게 2가지 측면에서 이론적 의의를 찾을 수 있다. 첫째로 본 연구는 가능한 자신 이론의 관점에서 노인의 성공적인 노화를 위한 휴대폰의 사용자 경험요인들을 규명하고, 이를 실증적으로 검증했다는 측면에서 이론적 의의를 가질 수 있다.

둘째로 가능한 자신 이론에 따르면 개인적 상황에 따라 중시하게 되는 가능한 자신이 달라지는데, 본 연구에서는 SOC에 근거하여 개인이 가진 자원의 많고 적음에 따라 노인이 중시하는 사용자 경험요인이 달라짐을 정량적으로 밝혀냈다. 자원이 적은 노인의 경우 사회적 관계 활동을 계속적으로 유지하기 위해 휴대폰을 사용함을 알 수 있었으며, 자신이 기기로부터 무시 받는 것에 대해 민감하게 반응함을 알 수 있었다. 즉, 노인에게 휴대폰은 Compensation 전략의 수단이며, 자원이 부족할 경우 현재 자신의 상태를 유지하기 위한 활동이나 동기를 중시하는 것을 알 수 있었다. 반대로 자원이 풍부한 노인은 늙어가는 것에 대해서 저항하기 때문에 자신이 젊은 사람처럼 휴대폰을 사용하지 못한다는 사실에 예민하게 반응함을 알 수 있었다. 이러한 측면에서 노인은 자신의 자원이 적을 경우 희망하는 자아에 속하는 경험요인에 더 민감하게 반응하며, 자원이 풍부할 경우에는 회피하고 싶은 자아에 속하는 요인에 더 민감하게 반응함을 알 수 있었다.

한편 실용적 측면에서 본 연구는 실제 노인을 대상으로 사용자들이 궁극적으로 추구하고자 하는 가치가 무엇이며, 궁극적으로 성공적인 노화에 도달하기 위해 휴대폰을 어떻게 개발해야 하는 지 가이드라인을 제공한다는 점에서 그 의의를 찾을 수 있다. 제품을 사용하면서 느끼는 긍정적인 사용 경험요인과 부정적인 사용 경험요인을 통해 노인 사용자 대상의 휴대폰 개발 시 노인의 성공적인 노화를 위해 긍정적인 경험요인을 부각하고, 부정적인 경험요인을 줄이기 위해 노력해야 하는 것이다.

특히 SOC 이론의 관점에서 자원의 많고 적음에 따라 비교를 함으로써 실질적으로 노인을 위해 어떠한 사용 경험요인에 더 초점을 맞춰야 하는지 알 수 있었다. 먼저 자원의 많고 적음에 상관없이 노인은 휴대폰에 대해서 전반적인 두려움을 가지고 있기 때문에 이를 줄이기 위한 노력이 필요할 것이다. 또한 자원이 부족한 노인들에게는 희망하는 자아의 측면에서 자신의 품위를 유지할 수 있게 하는 것이 그 어떠한 요인보다 중요함을 알 수 있었으며, 자원이 풍부한 노인들에게는 회피하고 싶은 자아의 측면에서 Image Resistance를 줄이기 위해 사용성에 좀 더 신경을 써 젊은 사람들과 다르지 않게 휴대폰을 사용할 수 있도록 해야 할 것이다. 하지만 자원이 부족한 노인에게는 사용성뿐만 아니라 스스로 존경 받는다는 생각이 들게끔 제품을 제작하는 것이 중요하기 때문에 제품의 네이밍이나 디자인의 차원에서도 품위를 충족시킬 수 있는 방향을 고민해야 할 것이다.

세부연구 2를 통해서 노인의 휴대폰 사용에 대한 전반적인 사항들도 파악할 수 있었다. 특히 노인들은 사회적 관계에 대해 다양한 필요를 보였는데 가능한 자신과 관련된 여러 요인들이 중요하게 작용함을 알 수 있었다. 세부연구 3에서는 세부연구 1과 2의 경험요인들이 실제 문자메시지라는 구체화된 시스템 사용 상황에서 사회적 관계를 유지하는데 어떻게 작용하는지를 탐색하고자 하였다. 특히 노인들의 경우 휴대폰의 외형뿐 아니라 사회적인 관계에서도 존중받고 있다고 느끼는 품위에 대한 경험요인이 중요하게 상대방과의 대화에서 예의나 공손함의 측면으로 민감하게 드러남을 알 수 있었다. 세부연구 3에서는 이러한 측면에 초점을 맞추어 구체적으로 모바일 기기를 통해 노인의 소셜 네트워크를 효과적으로 지원하는 커뮤니케이션 시스템 방안을 마련하고자 하였다.

3. 세부연구 3: 모바일 기기를 통해 소셜 네트워크를 지원하는 커뮤니케이션 시스템 프로토타입을 통한 실증적 연구

1) 세부연구 3의 목적 및 범위

노인을 위한 소셜 네트워크 지원 커뮤니케이션 시스템에 초점을 맞추어 Social Computing 서비스의 인터랙션(Interaction) 및 인터페이스(Interface) 요인 개선 방안을 제공하는 것을 목적으로 진행하였다. 세부적으로는 1) 노인의 모바일 커뮤니케이션에서 소셜 네트워크와 관련된 구체적인 경험요인과 이를 설명해 줄 수 있는 이론적인 모형을 구축하고 2) 이를 구체화할 수 있는 시스템 관련 요인에 대한 인터랙션 및 인터페이스 요인을 도출한다. 그리고 궁극적으로는 3) 노인의 User Experience Quality와 QOL를 극대화하는 프로토타입을 개발 및 평가하는 것이다.

노인들의 IT 기기 사용은 아직 휴대폰에 몹시 치중된 실정이고 또 노인은 새로운 서비스나 기기에 대한 거부감(threshold)이 높기 때문에, 노인을 위한 SNS 개발 플랫폼으로는 가장 거부감 없이 받아들일 수 있는 휴대폰 기기를 선택하였다. 그중에서도 이미 궤도에 오른 여타 SNS 서비스가 언어 기반(text-based)인 점을 감안하여, 향후 SNS 구축 시 가장 실용적으로 접목할 수 있는 문자 서비스를 개선하는 방안을 연구함으로써 노인을 위한 온라인 소셜 네트워크 구축의 기초를 제공하고자 하였다.

이러한 연구 목적을 달성하기 위해 본 연구는 〈그림 3-3-1〉과 같이 3가지 단계로 연구 범위 및 내용을 구분하여 진행하였다.

(1) 노인층의 모바일 서비스 중 문자시스템 활용의 측면에 앞서 도출된 경험요인과 그와 관련된 문헌조사를 적용한 이론적 모형 구축
(2) (1)의 결과를 바탕으로 파악된 필요(Needs)를 구체화하여 실제 문자 시스템 사용 시 노인에게 적합한 인터랙션 및 인터페이스 방안을 도출하고 이를 프로토타입에 반영
(3) 노인들을 대상으로 심층적인 인터뷰와 실험을 통해 구축된 프로토타입의 효과와 가능성을 검증 및 평가

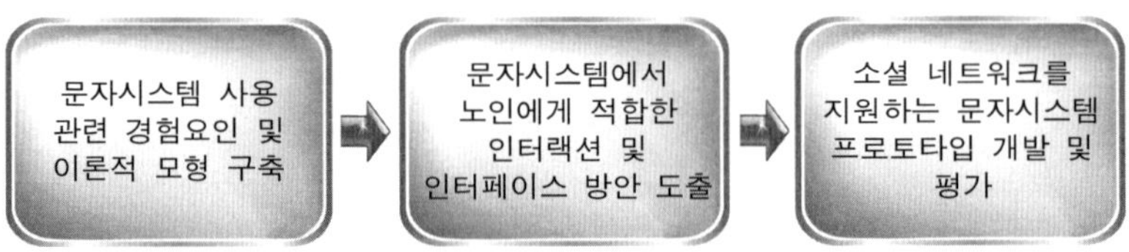

〈그림 3-3-1〉 세부연구 3의 범위와 내용의 도식화

2) 세부연구 3의 연구 방법

본 세부연구 3에서는 크게 2가지 방법론인 문헌 조사와 프로토타입을 통한 실험이 이루어졌다.

(1) 문헌 조사

먼저 문헌 조사는 모바일 기기를 통한 노인과 손주 간의 소통을 통해 디지털 서비스나 기기에 대한 노인들의 거부감(threshold)을 낮출 수 있을 것이라고 보고, 이에 관한 기존 문헌을 검토 및 정리하는 작업을 진행하였다. 그 과정에서 노인학, 심리학, 사회학 등 다양한 문헌을 검토하였다.

문헌 조사를 통해 적용한 이론적 개념은 아래와 같다.

① 세대 간 통합(Intergenerational Solidarity)

세대 간 통합은 한 개인의 일생(life course)동안 가족 구성원 내에서 세대 간의 통합 패턴을 설명하기 위해 구축된 개념으로 가족 구성원을 이어주는 감정(sentiment)과 태도(attitudes), 그리고 행동(behavior)으로 대표되는 세대 간의 상호작용으로 설명할 수 있다. 주로 부모와 자식 간의 관계를 중심으로 연구되었다.

② 커뮤니케이션 적응 이론(Communication Accommodation Theory)

많은 세대 간 연구에서 활용되고 있는 커뮤니케이션 적응 이론(CAT; Communication Accommodation Theory)은 사람들이 상호작용하는 동안 자신의 의사소통 방식(Communication Style)을 변화시키는 동기를 설명하는 이론이다. 즉, 본인이 속한 그룹 파악(Group identification) 또는 세대 간 통합(Interpersonal solidarity)과 같은 관계적 목적을 달성하기 위해 커뮤니케이션 과정에서 자신의 의사소통 방식을 변경시키는 행위를 설명한다.

③ 공손 이론(Politeness Theory)

공손 이론은 언어 사용에 관한 사회 심리학적 이론으로, 모든 개인이 자신을 위하여 공적으로 타인들에게 보여지기를 원하는 긍정적 자아 이미지인 체면(Face)을 바탕으로 언어를 사용함을 설명하는 이론이다. 공손 이론에 따르면 사람은 남에게 긍정적인 자기 이미지를 보여주려는 욕구를 가지고 있고, 이를 바탕으로 언어를 사용한다. 이러한 공손을 표현하기 위해서는 다양한 전략이 활용된다. 먼저 격식(Formality)은 특히 문자 기반 커뮤니케이션(text-base medium of chat communication)에서 중요하다고 알려져 있다. 단축어나 비속어의 사용, 미완성 문장, 소리 나는 대로 쓰기, 머리글자의 사용, 생략, 지나친 이모티콘 사용, 과장법, 의성어(ㅎㅎ, ㅋㅋ)의 사용은 격식을 낮춘다고 알려져 있다.

각 개념에 대한 보다 자세한 기술과 본 연구에의 적용은 3) 세부연구 3의 결과 아래 (1) 문헌 조사 결과에 기술되었다.

(2) 프로토타입을 통한 실험

본 세부연구에서는 손주와의 커뮤니케이션을 원활하게 해주는 문자 시스템을 개발하고 이를 평가하기 위해 실험 방법론을 실시하였다.

65세 이상의 노인은 문자 시스템을 사용하는 경우를 찾기 쉽지 않아 55세 이상의 장년층 총 14명을 대상으로 실험을 진행하였다. 남성과 여성 각각 7명이었으며, 연령대는 55세부터 72세로 평균 나이는 약 64.21세였다. 다만 문자메시지를 어느 정도 사용할 수 있는 참가자를 대상으로 진행하였기 때문에 참가자의 일부를 제외하고는 문자메시지 작성이 가능한 손주가 있지 않았다.

본 세부연구에서는 2×2(표현의 풍부함: 손 글씨 vs. 시스템폰트) (격식성: 맞춤법 수정 vs. 맞춤법 미수정) 피험자 내 요인 설계 실험을 실시하였다.

본 세부연구의 실험 자극은 실제 문자메시지 서비스와 유사하게 경험할 수 있도록 디자인하였으며, HTML 코딩을 통해 아이팟 터치의 사파리 브라우저를 통해 자극을 경험할 수 있도록 하였다. 장년층은 아이팟 터치와 같은 최신 기기에 익숙하지 않았기 때문에 참가자 모두 새로운 터치 인터페이스 기반의 휴대폰으로 인지하였다. 자극 화면은 최대한 현재 사용하는 문자메시지 서비스와 동일한 인터페이스 구조를 취하도록 하였다.

본 연구에서는 가설에 따라 독립변수를 표현의 풍부함(Expressiveness)과 격식성(Formality)으로 설정하고 각각 높고 낮음으로 구분하여 총 4개의 실험자극을 개발하였다. 자극의 화면은 〈그림 3-3-2〉와 같다.

본 세부연구의 실험은 다음과 같이 이루어졌다. 노인들의 경우 실험실에 직접 방문하여 실험하는 것을 꺼리는 까닭에 연구자들이 참가자들이 편안하게 실험에 참가할 수 있는 장소에 방문하여 실험을 진행하였다. 실험 진행에 앞서 노인들이 사용하는 휴대폰은 무엇인지 확인하고, 문자메시지 사용 상황에 대해서 전반적인 인터뷰를 시작하여 실험 목적을 충분히 이해하도록 하는 과정이 진행되었다. 그 후 자극이 제시될 아이팟 터치에 대한 어느 정도의 적응을 거친 후 노인

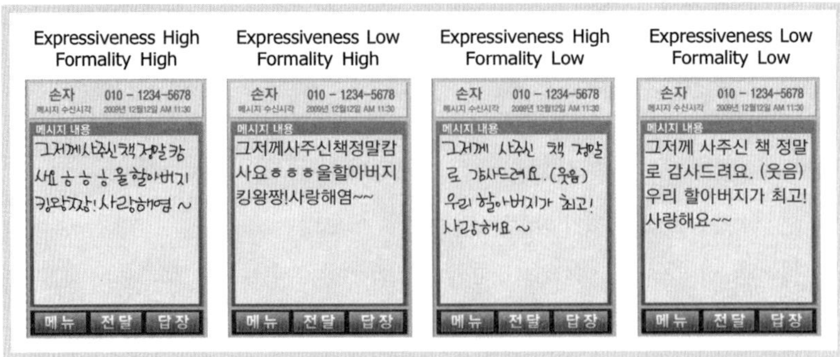

〈그림 3-3-2〉 실험 자극

스스로 직접 최근 문자메시지 함에서 문자를 선택하여 충분히 살펴볼 수 있도록 하였다. 자극 제시는 피험자 내 설계의 단점인 순서 효과를 최소화하기 위해 라틴 방형설계를 활용하여 각 피험자마다 균등한 자극을 제시하였다. 각 실험 자극이 종료될 때마다 설문 응답을 실시하였으며 모든 실험이 종료된 후에는 자극 전반에 대한 심층 인터뷰 시간을 가졌다. 전체 소요 시간은 1시간 이내였다.

3) 세부연구 3의 연구 결과

(1) 문헌 조사 결과

① 세대 간 통합(Intergenerational Solidarity)

세대 간 통합는 Bengtson에 의해 제안된 개념으로, 개인의 life course 동안 가족 구성원 내에서 세대 간의 solidarity pattern을 설명하기 위해 구축되었다. 가족 구성원을 이어주는 감정(sentiment)과 태도(attitudes), 그리고 행동(behavior)으로 대표되는 세대 간의 상호작용으로 묘사될 수 있는 것으로(Bengtson and Roberts, 1991), 초기에는 부모와 자식 간의 관계를 중심으로 설명되었다(Bengston and Schrader, 1984). 그 후 Silverstein와 동료 연구자들에 의해 손자와 조부모 간의 관계에도 위 이론이 적용되었다(Silverstein *et al.*, 1998). 조부모와 손자 간 관계의 측면에서 이 이론은 세대 간의 연대감(relational bonds) 혹은 유대감(connectedness) 정도를 설명하고 있다(Silverstein *et al.*, 1998).

② **커뮤니케이션 적응 이론**(Communication Accommodation Theory)

많은 세대 간 연구에서 활용되고 있는 커뮤니케이션 적응 이론(CAT; Communication Accommodation Theory)은 사람들이 상호작용하는 동안 자신의 의사소통 방식을 변화시키는 동기를 설명하는 이론이다(Giles, 1973). 즉, 본인이 속한 그룹 파악(Group identification) 또는 세대 간 통합(interpersonal solidarity)과 같은 관계적 목적을 달성하기 위해 사람 간의 커뮤니케이션 과정에서 자신의 의사소통 방식을 변경시키는 행위를 설명한다.

이러한 CAT는 두 가지 주요 콘셉트인 수렴(Convergence)과 발산(Divergence)으로 나눌 수 있다(Bunz and Campbell, 2002). 먼저 수렴은 타인과 조화하는 과정(Giles, 1973)으로, 상대방의 필요를 충족시킴으로써 적응(Accommodation)하는 것이라 할 수 있다. 이에 반해 발산은 타인과의 차별화를 위해 의사소통 스타일을 바꾸는 행위(Giles, 1973)를 말하는 것으로 상대방의 필요와는 멀어지는 방향, 즉 비적응(Non-accommodation)을 택하게 되는 것이라 할 수 있다.

기본적으로 CAT는 부모와 자식, 노인과 젊은 사람 같은 세대 간 차이에 관한 연구(Harwood, 2000)에서 다뤄졌다. 또한 직장, 나라와 같은 문화적 차이, 혹은 간호사나 경찰과 같은 사회적 역할·위치 차이가 존재하는 상황에서 사람들이 어떻게 커뮤니케이션 전략을 수정하는지의 측면에서 다뤄졌다(McCann and Giles, 2006). 하지만 최근에는 인간과 컴퓨터 사이의 상호작용 측면에서 CAT를 적용하는 연구가 진행되고 있으며, 오프라인 상황에서 이루어지는 커뮤니케이션뿐만 아니라 온라인 환경에서 CAT에 기반한 연구 또한 진행되고 있다(Bunz and Campbell, 2002).

Bunz와 Campell의 연구에 따르면 이러한 커뮤니케이션 적응 전략으로써 Politeness 전략이 사용될 수 있다(Bunz and Campbell, 2002). 본 연구에서는 이러한 연구 배경을 바탕으로 가설 개발 및 자극 개발에 다음 절에 소개될 공손 이론(Politeness Theory)을 활용하였다.

③ **공손 이론**(Politeness Theory)

공손 이론은 언어 사용에 관한 사회 심리학적 이론으로, 모든 개인이 자신을 위하여 공적으로 타인들에게 보여지기를 원하는 긍정적 자아 이미지인 체면(Face)을 바탕으로 언어를 사용함을 설명하는 이론이다(Brown and Levinson, 1987). 즉, 사람은 남에게 긍정적인 자기 이미지를 보여주려는 욕구를 가지고 있고, 이를 바탕으로 언어를 사용한다는 것이다.

이러한 체면은 상대자에 대한 측면과 상대자로부터의 측면으로 나뉠 수 있다. 상대자에 대한 측면은 Negative Face로 불리며 개인의 고유한 영역과 권리, 방해를 받지 않을 자유 등에 대한 욕구를 반영한다. 그에 반해 상대자로부터의 측면은 Positive Face라 불리며 남들로부터 인정받고, 사랑받고, 이해되고, 긍정적으로 평가받고자 하는 자아 이미지를 반영하는 행위이다.

결과적으로 공손(Politeness)은 상대방의 체면을 올려주는 행위로서 상대방의 긍정적인 self image를 형성하려는 행위이다. 이러한 측면에서 공손한 표현은 상대방으로 하여금 긍정적인 자아 이미지를 가질 수 있게 해주는 언어적 표현이라 할 수 있다.

공손을 표현하기 위해서는 다양한 전략이 활용된다. 먼저 격식성은 문자 기반 커뮤니케이션(text-base medium of chat communication)에서 특히 중요하다고 알려져 있다(Krohn, 2004; Meiners and Miller, 2004). 단축어나 비속어, 미완성 문장의 사용, 소리 나는 대로 쓰기, 머리글자, 생략, 지나친 이모티콘 사용, 과장법, 의성어(ㅎㅎ, ㅋㅋ)의 사용은 격식성을 낮춘다고 알려져 있다.

이에 반해 표현의 풍부함은 강한 관계에서 친밀감(Intimacy)의 구성 요인으로써(Vetere *et al.*, 2005) Strong-tie 관계에서 친밀감을 표현하는 방법으로 비언어적(non-verbal)인 요인이 사용된다. 이러한 비언어적인 요인은 공손 이론을 위한 하나의 전략으로써 사용된다고 하였기 때문에(박현구, 2005) 표현의 풍부함을 증대시킬 수 있다.

문자메시지는 쉽고 간편하기 때문에 서로 간의 상호작용을 원활하게 하는 데 도움을 주지만 감성(Affective)을 표현하는 측면에서는 부족하다고 알려져 있다(Adesemowo and Tucker, 2005). 그런 까닭에 다양한 연구에서 SMS의 표현의 풍부함을 높여주기 위해 다양한 비언어적 요인을 사용한 문자메시지 시스템을 개발하였다. 이러한 예로는 아바타와 이모티콘의 사용, 자체 카툰 개발, Context 정보의 활용 등을 찾아볼 수 있다. 또한 폰트의 종류에 따라서도 보내는 이의 표현의 풍부함을 나타낼 수 있다고 하였다(Sánchez *et al.*, 2006).

(2) 실험 결과

본 세부연구에서 실험을 통해 통계적으로 검증하고자 하는 연구모형은 〈그림 3-3-3〉과 같다.

앞서 이론적 배경에서 살펴보았듯이 표현의 풍부함과 격식성은 노인의 입장에서 볼 때 그들의 필요를 충족시킨다는 점에서 Convergence하는 것이기 때문에, 문자메시지에서 표현의 풍부함과 격식성이 높아질 때 커뮤니케이션 만족도(Communication Satisfaction)가 향상될 것이라는 전체적인 논리를 수립하였다. 이러한 논리를 검증하기 위하여 연구모형의 각 경로를 가설화하였다. 가설화 논리와 가설은 다음과 같다.

세부연구에서는 표현의 풍부함을 '문자메시지에서 정성을 나타냄으로써 궁극적으로 친밀감을 표현하기 위해 사용되는 비언어적인 요인'으로 조작적 정의하였다. 그러므로 표현의 풍부함은 Positive Politeness 전략으로 작용하며, 이를 통해 상대방의 필요에 충족하는 Con-

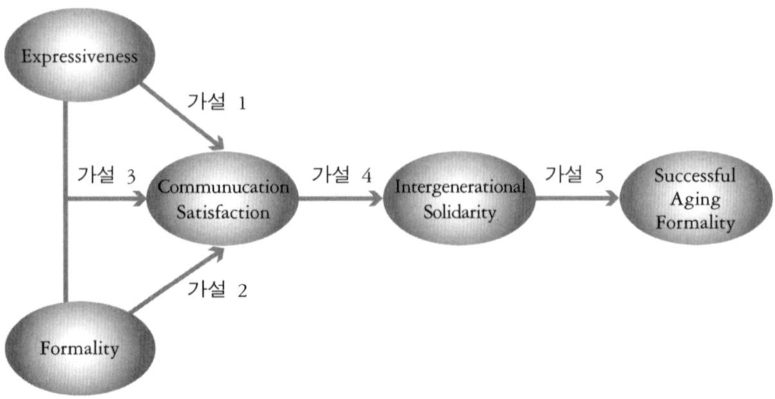

〈그림 3-3-3〉 실험의 연구모형

vergence 전략이라 할 수 있다. 특히 본 세부연구에서는 표현의 풍부함을 높여주기 위해 손 글씨를 활용하였다. 이러한 손 글씨는 의사소통을 할 때 표현의 풍부함을 증진시킬 수 있다. Lindley, et al.의 연구(Lindley *et al.*, 2008)에서도 노인의 커뮤니케이션 만족도를 높여주기 위해서는 메시지 작성의 정성이 느껴지게 하는 것이 필요하며, 이러한 측면에서 손 글씨로 표현된 메시지가 노인에게 메시지 작성의 정성을 느껴지게 함과 동시에 커뮤니케이션 만족도를 높여 줄 수 있다고 하였다. 이러한 측면에서 본 연구에서는 다음과 같은 가설을 세웠다.

가설 1: 표현의 풍부함이 높게 제공된 문자메시지를 사용할 때 노인의 커뮤니케이션 만족도가 높아질 것이다.

본 세부연구에서는 격식성을 '단축어, 비속어, 미완성 문장의 사용 정도, 소리 나는 대로 쓰기, 이모티콘, 의성어의 사용 정도'로 조작적 정의하였다. 따라서 문자메시지에서 젊은 사람들이 주로 사용하는 단축어, 띄어 쓰지 않기, 의성어, 이모티콘이 사용된 문자는 격식성의 정도가 낮다고 할 수 있으며, 그렇지 않은 메시지는 격식성의 정도가 높다고 할 수 있다. 노인들에게는 격식성이 낮은 상황에 대한 우려가 높으며, 특히 동양 노인의 경우 격식성이 높은 상황에서 손주가 자신에게 적응(Accommodation)한다고 느낀다(Lin and Harwood, 2003). 이러한 측면에서 손주와 조부모 간의 커뮤니케이션 상황에서 격식성이 높게 제공된 문자메시지를 사용할 때 노인들의 커뮤니케이션 만족도가 높아질 것이다.

가설 2: 격식성이 높게 제공된 문자메시지를 사용할 때 노인들은 커뮤니케이션 만족도가 높아질 것이다.

앞서 이야기하였듯이 표현의 풍부함은 메시지의 정감을 느끼게 함으로써 궁극적으로 친밀감을 느끼게 하며, 격식성은 메시지 내용의 구성 측면에서 손주가 자신에게 직접적으로 적응(Accommodation)한다고 느끼게 한다. 다르게 얘기하면 표현의 풍부함은 메시지의 전반적인 형태를 제공하는 요인이며, 격식성은 메시지의 콘텐츠와 연관성이 높다고 할 수 있다. 즉, 문자메시지의 형태 및 콘텐츠가 둘 다 제시된 상황에서 각 효과의 단순한 합보다 커뮤니케이션 만족도가 더 크게 나타날 것으로 예측할 수 있다. 이러한 측면에서 본 세부연구에서는 표현의 풍부함과 격식성의 상호작용 효과를 다음과 같이 가설화하였다.

가설 3: 표현의 풍부함과 격식성의 상호작용 효과가 존재할 것이다. 즉 표현의 풍부함이 커뮤니케이션 만족도에 대해 갖는 효과의 정도는 격식성이 높을 때 더 높아질 것이다.

세대 간 통합(Intergeneration Solidarity)은 가족 간의 유대감을 의미하는 것으로(Merz *et al.*, 2007), Harwood의 연구(2000)에 따르면 손주와 조부모 간에 커뮤니케이션이 원활하게 이루어질 때 세대 간 통합을 높일 수 있다고 하였다. 최근처럼 지리적 · 시간적 · 문화적 거리감으로 인해 손주와 조부모 간에 원활한 커뮤니케이션이 힘든 상황(Vetere *et al.*, 2005)에서 문자메시지를 통해 커뮤니케이션 만족도를 높여준다면 노인이 인지하는 세대 간 통합 역시 증가할 것이다. 이러한 측면에서 본 세부연구에서는 다음과 같은 가설을 세웠다.

> 가설 4: 노인들이 문자메시지를 사용하여 커뮤니케이션 만족도가 높아질수록 세대 간 통합이 높아질 것이다.

Leventh의 연구에 따르면 노인을 위한 제품 및 서비스에서는 가족과 연결되어 있는 감정을 느끼도록 해주는 것이 필요하다(Leventhal, 1997). 나아가 이러한 제품을 사용할 때 노인이 인지하는 삶의 만족도가 높아진다고 하였다. 또한 Waid and Frazier의 연구에서도 노인이 인지하는 삶의 질에 세대 간 통합이 긍정적인 영향을 끼친다고 하였다(Waid and Frazier, 2003). 앞서 세부연구 2에서 살펴봤듯이 노인이 가족 간의 통합을 느끼는 것은 궁극적으로 성공적인 노화를 이루었다고 인지하게 만들기 때문에, 본 세부연구에서는 다음과 같은 가설을 세웠다.

> 가설 5: 노인들이 문자메시지를 사용하여 세대 간 통합이 높아질수록 성공적인 노화가 높아질 것이다.

수집된 자료의 분석을 위해 세부연구의 분산분석에는 PASW statistics 17.0이 활용되었으며, 구조방정식 분석에는 Smart PLS 2.0 M3이 활용되었다.

① 측정도구의 타당성

자료 분석에 앞서 측정도구의 타당성을 검증하기 위해 PLS(Partial Least Square)를 활용하여 수렴 타당성 및 판별 타당성을 검증하였다.

〈표 3-3-1〉 세부연구 설문 아이템의 요인 적재량

Construct	Item	Factor Loading	t-value
Successful Aging	SA1	0.959	116.172
	SA2	0.932	70.697
	SA3	0.904	35.201
Intergenerational Solidarity	SOL1	0.924	48.279
	SOL2	0.885	27.487
	SOL3	0.907	39.233
Communication Satisfaction	CS1	0.883	38.722
	CS2	0.936	67.741
	CS3	0.949	73.050
Expressiveness		1	0
Formality		1	0

〈표 3-3-2〉 세부연구 구성 개념 간의 상관계수 및 AVE

	CR	AVE	EXP	FOR	COMS	SOL	SA
EXP	1.000	1.000	1.000				
FOR	1.000	1.000	0.509	1.000			
COMS	0.945	0.852	0.572	0.784	0.923		
SOL	0.932	0.820	0.570	0.714	0.853	0.906	
SA	0.952	0.868	0.598	0.553	0.556	0.688	0.932

먼저 수렴 타당성은 앞서 언급하였듯이 측정모형에서 각 측정문항의 요인 적재량 수치와 그 수치의 t-value로 판단할 수 있다(Arnold and Reynolds, 2003). 〈표 3-3-1〉에 제시된 것과 같이, 각 문항의 요인 적재량 수치는 모두 0.70을 상회하며, t-value 또한 통계적으로 유의미한 것으로 나타났다. 또한 본 연구에서 사용된 문항들의 합성 신뢰도(Composite Reliability>0.70)와 평균 분산 추출(AVE: Average Variance Extracted>0.50)의 적절성 또한 〈표 3-3-2〉에 나타난 것과 마찬가지로

〈표 3-3-3〉 교차 적재량

	EXP	FOR	COMS	SOL	SA
EXP	1.00	0.51	0.57	0.57	0.60
FOR	0.51	1.00	0.78	0.71	0.55
COMS1	0.47	0.66	0.88	0.74	0.51
COMS2	0.57	0.74	0.94	0.79	0.55
COMS3	0.54	0.77	0.95	0.83	0.48
SOL1	0.46	0.70	0.81	0.92	0.63
SOL2	0.57	0.65	0.77	0.89	0.65
SOL3	0.52	0.59	0.73	0.91	0.59
SA1	0.58	0.57	0.57	0.71	0.96
SA2	0.61	0.50	0.56	0.64	0.93
SA3	0.47	0.46	0.41	0.55	0.90

모든 수치들이 권장 기준치를 상회함으로써 검증되었다.

또한 판별 타당성은 특정 개념에 대한 AVE의 제곱근 수치가 그 개념과 다른 개념들 간의 상관관계 수치를 상회했을 때 확보된다(Fornell and Lacker, 1981). 〈표 3-3-3〉에서 볼 수 있듯이 각 개념 간의 상관관계 수치는 해당 요인 AVE값의 제곱근이 다른 구성 개념들 각각의 상관계수 값을 초과하여 판별 타당성이 확보되었음을 확인하였다. 마지막으로 PLS로 측정모형의 판별 타당성 검정을 위해 교차 적재량을 추가적으로 제시해야 하는데, 이 또한 〈표 3-3-3〉과 같이 나타나 판별 타당성이 확보됨을 알 수 있었다.

② 분산분석 결과

우선 실험이 실험 설계의 독립변수를 충분히 조작하였는지 확인하기 위해 조작 검증을 실시하였다. 표현의 풍부함과 격식성 조작 수준을 문항으로 측정하여 실험 조건에 따른 응답의 평균을 대응 t-

〈표 3-3-4〉 커뮤니케이션 만족도의 기술적 통계치

		Expressiveness	
		High	Low
Formality	High	6.381(0.431)	5.214(0.975)
	Low	5.048(1.183)	4.452(1.418)

〈표 3-3-5〉 가설검증을 위한 분산분석 결과

독립변수	종속변수	SS	df	MS	F	Sig.
EXP	COMS	10.865	1.000	10.865	12.437	.004
FOR	COMS	15.365	1.000	15.365	12.253	.004
EXP*FOR	COMS	1.143	1.000	1.143	6.455	.025

검증(Paired t-test)으로 분석하였다. 분석 결과, 손 글씨를 사용한 자극(mean=5.68)은 시스템 폰트를 사용한 조작(mean=4.21)에 비해서 표현의 풍부함의 지각 수준이 유의미하게 높았다(t=5.640, d=27, p=.000). 또한 전반적인 맞춤법을 고쳐준 자극(mean=5.71)은 전반적인 맞춤법을 고치지 않은 자극(mean=4.39)에 비해서 격식성의 지각 수준이 유의미하게 높았다(t=4.111, df=27, p=.000).

실험에서 조작한 처치의 직접적인 효과를 검증하기 위해 분산분석(ANOVA)을 실시하였다. 각 자극 제시 후 응답한 설문지의 Communication Satisfaction의 기술적 통계치는 〈표 3-3-4〉와 같다.

실험의 독립변수인 표현의 풍부함과 격식성의 주 효과와 상호작용 효과를 검증하기 위해 이원 피험자 내 분산분석(Two-way Within-Subject ANOVA)을 실시하였다. 분산분석의 결과는 〈표 3-3-5〉에 정리되어 있으며, 〈그림 3-3-4〉에는 두 독립변수의 조건에 따른 Communication Satisfaction의 패턴이 나타나 있다.

〈표 3-3-5〉에서 볼 수 있듯이 커뮤니케이션 만족도에 대한 표현의

풍부함의 주 효과가 통계적으로 유의미하게 검증되었다($F(1, 13)=12.437$, $p<.05$). 즉, 표현의 풍부함이 제공된 문자메시지를 사용할 때 노인들은 더 많은 커뮤니케이션 만족도를 지각할 것이다. 이 분석 결과에 의해 가설 H1은 지지되었다. 또한 커뮤니케이션 만족도에 대한 격식성의 주 효과 역시 통계적으로 유의미하게 검증되었다($F(1, 13)=12.253$, $p<.05$). 즉, 격식성이 제공된 문자메시지를 사용할 때 노인들은 더 많은 커뮤니케이션 만족도를 지각할 것이다. 이 분석 결과에 의해 가설 H2 역시 지지되었다.

마지막으로 커뮤니케이션 만족도에 대한 표현의 풍부함과 격식성의 상호작용 효과도 존재하는 것으로 밝혀졌다($F(1, 13)=6.455$, $p<.05$). 〈그림 3-3-4〉에서 볼 수 있듯이 노인들의 경우 격식성이 주어진 문자메시지의 경우에 커뮤니케이션 만족도에 대한 표현의 풍부함의 효과가 더 크게 나타남을 알 수 있었다. 이러한 결과를 토대로 가설

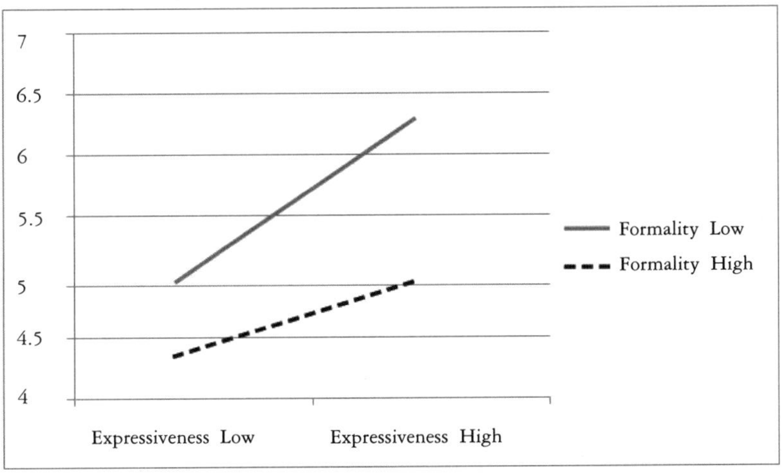

〈그림 3-3-4〉 실험 조건별 커뮤니케이션 만족도 패턴

H3 역시 지지되었다.

③ 구조방정식 분석 결과

수집된 설문 응답 자료는 PLS를 이용하여 구조방정식을 기법으로 분석되었다. 구조모형의 검증 결과는 〈그림 3-3-5〉와 같다.

커뮤니케이션 만족도는 표현의 풍부함과 격식성을 통해 약 66%가 설명되고, 세대 간 통합은 커뮤니케이션 만족도를 통해 약 73%가 설명되었다. 또한 성공적인 노화는 세대 간 통합을 통해 약 47%가 설명되었다. 세 가지 구성개념 모두 Falk와 Miller가 제시한 적정 검정력(Falk and Miller, 1992)인 10%를 상회하는 것으로 보아, 설명력의 관점에서 본 연구에서 제시한 구조모형은 전반적으로 양호한 수준이었다.

또한 각각의 경로계수를 통해 본 세부연구의 가설 H1, H2, H4, H5를 검증하였다. 표현의 풍부함이 커뮤니케이션 만족도에 미치는

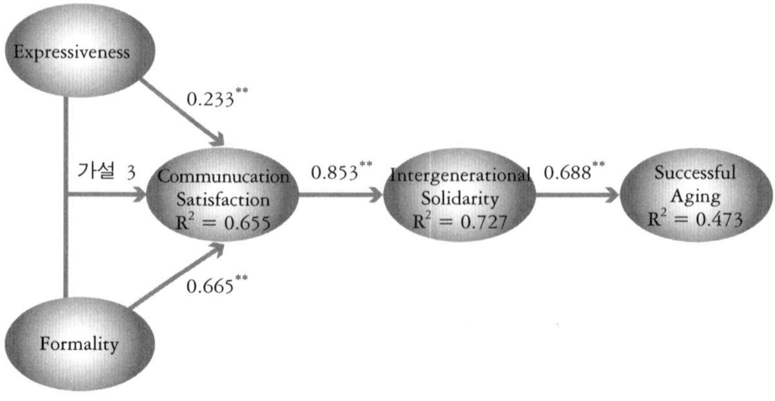

〈그림 3-3-5〉 구조모형 검증 결과

영향력은 0.233으로 나타났고, 격식성이 커뮤니케이션 만족도에 미치는 영향력은 이보다 강한 0.665로 나타났다. 커뮤니케이션 만족도가 세대 간 통합에 미치는 영향력은 0.853으로 나타났으며, 세대 간 통합이 성공적인 노화에 미치는 영향력은 0.688로 나타났다. 모든 경로가 p<.05 수준에서 통계적으로 유의미한 것으로 검증됨으로써 본 세부연구에서 세운 가설 H1, H2, H4, H5는 모두 지지되었다.

④ 매개효과 분석

본 세부연구에서는 커뮤니케이션 만족도와 세대 간 통합이 매개변수로 활용되었다. 이러한 매개변수들의 효과를 분석하기 위해 Sobel이 제시한 검정 과정(Sobel, 1982)을 거쳤다. 그 결과는 〈표 3-3-6〉과 같다. 통계값에서 드러나듯이 대부분의 매개 효과들의 의미도가 p<.05 수준에서 통계적으로 유의미함을 알 수 있었다.

세부연구에서는 세대 간 통합, 커뮤니케이션 적응 이론, 공손 이론을 바탕으로 노인을 위한 문자메시지 프로토타입을 개발하고, 설문을 통해 이를 검증하였다. 세부연구에서 제시된 연구 가설들의 검증 결과는 〈표 3-3-7〉에 요약되어 있다.

〈표 3-3-6〉 매개효과 분석 결과

Path	Z	의미도
EXP → COMS → SOL	2.8817668	유의미
FOR → COMS → SOL	8.9042275	유의미
COMS → SOL → SA	10.068022	유의미

〈표 3-3-7〉 세부연구의 가설검증 결과 요약

	연구 가설	검증 결과
가설 1	표현의 풍부함이 높게 제공된 문자메시지를 사용할 때 노인들의 커뮤니케이션 만족도가 높아질 것이다	지지
가설 2	격식성이 높게 제공된 문자메시지를 사용할 때 노인들의 커뮤니케이션 만족도가 높아질 것이다	지지
가설 3	표현의 풍부함과 격식성의 상호작용 효과가 존재할 것이다. 즉 표현의 풍부함이 커뮤니케이션 만족도에 대해 갖는 효과의 정도는 격식성이 높을 때 더 높아질 것이다	지지
가설 4	노인들이 문자메시지를 사용하여 커뮤니케이션 만족도가 높아질수록 세대 간 통합이 높아질 것이다	지지
가설 5	노인들이 문자메시지를 사용하여 세대 간 통합이 높아질수록 성공적인 노화가 높아질 것이다	지지

〈표 3-3-7〉에서 볼 수 있는 바와 마찬가지로 세부연구에서 제시된 가설은 모두 지지되었다. 즉, 노인들은 기존의 시스템 폰트보다 손글씨로 작성된 문자메시지를 더 선호하였으며, 젊은 사람들이 자주 쓰는 단축어, 속어, 띄어쓰기를 하지 않은 문자를 수정해주었을 때 커뮤니케이션 만족도도 높아짐을 알 수 있었다. 이를 통해 세대 간 통합을 거쳐 궁극적으로 성공적인 노화를 이루었다고 인지함을 알 수 있었다.

4) 결론 및 의의

2차연도에서 진행된 세부연구 3은 세부연구 1에서 파악된 온라인 소셜 네트워크에서 노인들의 정보 공유 활동에 주요한 경험요인과 세부연구 2에서 파악된 휴대폰 사용자 경험요인을 토대로 노인들의 온라인 소셜 네트워크를 효과적으로 지원하기 위한 모바일 커뮤니케이션 시스템 프로토타입을 구축하였다. 프로토타입 휴대폰은 노인이 흔히 느끼는 Image Resistance를 가지지 않도록 하기 위해 현재도 사용하고 있는 수첩의 형태로 전반적인 외형을 디자인하였으며, 제품을 가죽으로 포장하여 노인으로 하여금 품위를 느낄 수 있도록 하였다.

또한 노인들이 이전에 종이에 글씨를 쓰던 습관을 고스란히 유지할 수 있도록 펜을 통한 터치 인터페이스를 적용하였으며, 이를 통해 마치 엽서나 메모지를 작성하는 방법으로 손주 및 가족들과 원활하게 커뮤니케이션을 할 수 있도록 지원하였다.

이러한 프로토타입 형태를 실제로 어떻게 인지할지 알아보기 위해 본 세부연구 3에서는 제품에 대한 전반적인 설명을 담은 동영상 〈그림 3-3-6〉을 만들고, Low-fi 프로토타입 〈그림 3-3-7〉을 개발하여 일부 사용자를 대상으로 인터뷰를 진행하였다.

인터뷰 결과, 수첩 형태에 대해서는 익숙하고 친숙하게 생각하는 것을 알 수 있었으며, 직접 손으로 작성한 형태로 문자메시지를 보낼 수 있다는 기능도 대단히 편리하다고 인지함을 알 수 있었다. 또한 가죽이 둘러싸인 휴대폰에 대해서 고급스럽다고 느끼며, 누가 사주면 부러워하겠다고 느끼면서 긍정적으로 인지함을 알 수 있었다.

물론 본 프로토타입은 최종 완성된 형태가 아니며, 제품에 대한 전반적인 이미지만을 파악할 수 있도록 제작된 것이기 때문에 사용자의 정확한 반응을 파악하는 데에는 한계가 있다. 하지만 현재까지 진행된 인터뷰 결과 제작된 휴대폰 프로토타입에 대한 긍정적인 판단이 주를 이루었기 때문에, 추후 연구를 통해 실제 사용이 어느 정도 가능한 프로토타입을 개발하고 이를 장기간 사용하도록 함으로써 노인이 긍정적으로 인지하는 휴대폰 개발 방향에 대해서 더욱 구체적으로 제시해줄 수 있을 것이라 기대한다.

본 연구는 다음과 같은 측면에서 이론적 의의를 찾을 수 있다. 첫

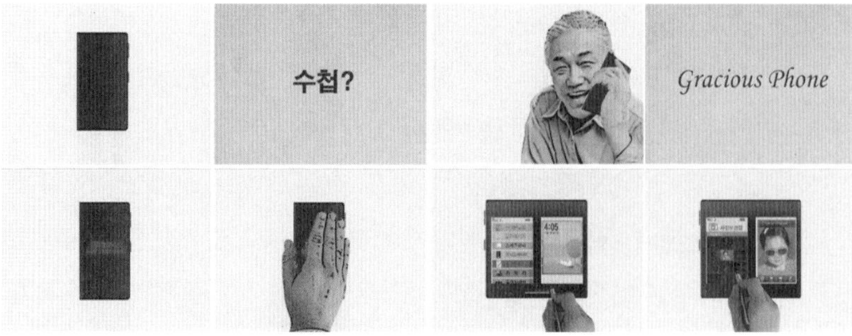

〈그림 3-3-6〉 제공된 영상의 일부분

〈그림 3-3-7〉 인터뷰 시 제공된 Low-fi 프로토타입

째, 본 연구는 기존의 공손 이론(Politeness Theory)을 텍스트의 형식과 내용 두 가지 측면으로 구분하고, 이를 표현의 풍부함과 격식성 측면에서 평가함으로써 원활한 Communication System Feature를 찾아봤다는 의의를 갖는다. 기존의 연구 대부분은 문장의 내용 측면에서만 공손 이론에 접근하였기 때문이다. 또한 본 연구는 이론적 배경을 실제 시스템 구축에 적용했다는 점에서 기존 연구들에서 한 발 더 나아갔다고 할 수 있다. 둘째로, 기존의 연구들은 이메일이나 홈페이지 문구, 채팅 상황의 커뮤니케이션에서만 한정된 것이었다. 본 연구는 여기서 한 발 더 나아가 문자메시지를 통한 커뮤니케이션 상황으로 연

구 범위를 확장했다는 점에서도 의의를 찾을 수 있다. 마지막으로 휴대폰 사용 상황에서 노인의 원활한 커뮤니케이션이 어떻게 가능한지 실험을 통해 실증적으로 검증하였다는 점에서도 이론적 의의를 찾을 수 있다. 또한 본 연구에서는 노인에게 사람들과의 원활한 커뮤니케이션을 통해 궁극적으로 성공적인 노화를 지원하는 문자메시지 개발 및 디자인 가이드라인을 제시했다는 점에서 실용적 시사점을 제공할 수 있을 것이다.

제4장 연구의 성과 및 의의

제4장 연구의 성과 및 의의

1) 연구바탕 논문발표

본 연구는 1차연도 연구(세부연구 1)를 진행하면서 총 3편의 논문을 발표하였다. 첫 번째 논문은 "노인의 삶의 질 향상을 위한 소셜 네트워크 서비스 연구: 정성 분석과 정량 분석 방법을 이용한 노인과 젊은 세대 비교 분석"으로, 2009년 한국 HCI 학회 겨울 학술대회에 정성적 연구 결과를 토대로 발표하였다. 두 번째 논문 역시 정성적 연구 결과를 바탕으로 외국 학회인 IADIS(International Association for Development of the Information)의 2009년도 국제 컨퍼런스인 e-Society 2009에 Short-Paper로 발표하였다. 제목은 "User Experience of Online Social-Network Services: Comparing Old and Young Adults Using Laddering Analysis"였다. 그리고 마지막으로 세 번째 논문은 2009년 한국경영정보학회의 봄 정기학술 대회에 정량적 연구 결과를 바탕으로 발표한 "온라인 환경에서 노인의 정보 공유 활동이 삶의 질에 미치는 영향 연구"였다.

2차연도 연구(세부연구 2, 3)를 진행하면서 총 3편의 논문과 1편의 강연을 진행하였다. 첫 번째 논문은 "노인을 위한 휴대폰에는 어떠한 사용 경험이 필요한가?: 노인을 위한 휴대폰 사용자 경험모형 개발 및 검증에 대한 연구"라는 제목으로 2010년 한국 HCI 학회의 겨울 학술대회에 정성적 연구 결과를 토대로 발표하였다. 두 번째 논문 역시 2010년 한국 HCI 학회에서 노인들을 대상으로 한 연구방법론을 바탕으로 "노인연구 문헌 조사 및 연구 방법론"이란 제목으로 발표하였다. 그리고 마지막으로 세 번째 논문은 2010년 한국경영정보학회의 봄 정기학술 대회에 정량적 연구 결과를 바탕으로 "노인의 성공적인 노화(Successful Aging)를 위한 휴대폰 사용자 경험: 자원 상황에 따른 가능한 자기 이론과 선택 · 최적화 · 보상 전략 이론을 바탕으로"라는 제목으로 발표하였다.

위 세 논문 이외에도 미국의 UX magazine에 "Social Network Services for Older Adults: the Online User Experience for Seniors"

〈표 4-1〉 연구바탕 논문

연구연차	논문 제목	발표	일시
1차년 (2008.8-2009.6)	"노인의 삶의 질 향상을 위한 소셜 네트워크 서비스 연구: 정성 분석과 정량 분석 방법을 이용한 노인과 젊은 세대 비교 분석"	KHCI	
	"User Experience of Online Social-Network Services: Comparing Old and Young Adults Using Laddering Analysis"	e-Society 2009	
	"온라인 환경에서 노인의 정보 공유 활동이 삶의 질에 미치는 영향 연구"	KMIS	
2차년 (2009.7-2010.5)	"HCI를 이용한 New Black Generation을 위한 social computing service"	KHCI	강연
	"노인을 위한 휴대폰에는 어떠한 사용 경험이 필요한가?: 노인을 위한 휴대폰 사용자 경험모형 개발 및 검증에 대한 연구"	KHCI	
	"노인연구 문헌 조사 및 연구 방법론"	KHCI	
	"노인의 성공적인 노화를 위한 휴대폰 사용자 경험: 자원 상황에 따른 가능한 자기 이론과 선택 · 최적화 · 보상 전략 이론을 바탕으로"	KMIS	2010. 6.11

라는 제목으로 발표하고자 준비하고 있다. 또한 정성적 연구 결과와 정량적 연구 결과를 바탕으로 현재 3편의 논문을 작성하고 있다. 이상 정리된 내용은 〈표 4-1〉과 같다.

2) 수업 진행(실라버스 및 발표자료)

본 연구의 원활한 수행을 위하여 HCI적인 관점에서 노인과 소셜 네트워크에 대해 공통의 관심을 가진 교수들과 공동수업을 진행하였다. 공동수업을 통해 노인과 소셜 네트워크를 지원하는 다양한 관점을 파악하고 노인을 위한 연구의 전반적인 흐름을 효과적으로 파악할 수 있었다. 수업에 대한 구체적인 내용은 다음과 같다.

● HCI와 Social Computing 수업계획서

주	기간	수업 내용	교재 범위, 과제물
1	2009-09-01 2009-09-06	• 수업소개 • 과목에 대한 설명 • 학생들의 자기소개 (자기소개서 작성) • 수업 진행 방식에 대한 토의	
2	2009-09-07 2009-09-13	**프로젝트 발표:** 노인을 위한 inter-generation 커뮤니케이션 시스템 개발	**관련 논문:** • Khoo, E., Merritt, T., and Cheok, A. (2009). Designing physical and social intergenerational family entertainment, Interacting with Computers, 21, 76-87. • Dickinson, A., Arnott, J. and Prior, S. (2007). Methods for human-computer interaction research with older people, Behavior and Information Technology, 26(4), 343-352.

3	2009-09-14 2009-09-20	**프로젝트 발표:** 노인을 위한 휴대폰 프로토타입 개발 프로젝트	**관련 논문:** • Lindly, S., Harper, R., Sellen, A. (2009). Desiring to be in Touch in a Changing Communications Landscape: Attitudes of Older Adults, CHI Proceedings, 1693-1702. • Karahasanovic, A., Brandtzag, P., Heim, J. Luders, M., Vermeir, L, Pierson, J., Lievens, B., Vanattenhoven, J., Jans, G. Co-creating and user-generated content-elderly people's user requirements, Computers in Human Behavior, 25, 655-678.
4	2009-09-21 2009-09-27	Social Network Computing 의 특성	• Cognitive ability and Internet use among older adults, Salvador Rivas, Eszter Hargittai(2006). • Social capital, self-esteem, and use of online social network sites: A longitudinal analysisCharles Steinfield, Nicole B. Ellison, Cliff Lampe(2008).
5	2009-09-28 2009-10-04	*추석 연휴 휴강	
6	2009-10-05 2009-10-11	Social Network Computing 에서의 문화적인 차이성	• Age differences in online social networking - A study of user profilesand the social capital divide among teenagers and older users in MySpaceUlrike Pfeil, Raj Arjan, Panayiotis Zaphiris(2009). • Home-based communication system for older adults and their remote family Marcela D. Rodriguez a,*, Victor M. Gonzalez b, Jesus Favela c, Pedro C. Santana(2009).
7	2009-10-12 2009-10-18	노인들의 Social Computing 과 관련된 접근성, 통제감 등과 관련된 인터페이스 요인들에 대한 이해	• Picard, R. W.(1997). Affective computing. Cambridge, MA: MIT Press. 등과 관련 Journal.
8	2009-10-19 2009-10-25		
9	2009-10-26 2009-11-01	인간의 지각적 · 인지적 특징들을 이해하고 특히 노인과 관련된 인터페이스의 개선방안을 제안	• Goldstein, E. B. (1996). Sensation & Perception(4th ed.). Pacific Grove, CA: Brooks/Cole Publishing Company 등과 관련 Journal.

10	2009-11-02 2009-11-08	정보이용자 연구 개관(槪觀)	• Case, Donald.(2007) Looking for Information: A Survey of Research on Information Seeking, Needs, and Behavior. Chapter 1 & 3(Case 책은 학술정보원에서 온라인으로 이용 가능함).
11	2009-11-09 2009-11-15	정보추구 모형과 이용자 유형별 정보추구 행태	• Case, Donald.(2007) Looking for Information: A Survey of Research on Information Seeking, Needs, and Behavior. Chapter 4 & 5.
12	2009-11-16 2009-11-22	소셜 네트워킹과 관련한 게임 개발 프로세스	• Game Design for Social Networks: Interaction Design for Playful Dispositions Aki Järvinen1 A Study on the Functional Silver Game Contents and Interface Technology Hyun- Cheol Lee, Eun-Seok Kim, Im-Chul, Kang and Gi-Taek Hur(2009).
13	2009-11-23 2009-11-29	특정층을 위한 게임용 HCI	• Design and development of an online game for older people from a usability perspective A Master's Thesis Hanna Åstrand(2006). • Digital Game Design for Elderly Users, Wijnand IJsselsteijn Henk Herman Nap.
14	2009-11-30 2009-12-06	소셜 네트워킹 콘텐츠 서비스 연구와 실버세대 적용	• Sum, S., Mathews, M.,Pourghasem, M., & Hughes, I.(2008). Internet technology and social capital: How the Internet affects seniors` social capital and wellbeing. Journal of Computer-Mediated Communication, 14, 202-220.
15	2009-12-07 2009-12-13	IPTV 플랫폼에 적용 가능한 소셜 네트워킹 콘텐츠/서비스 방안	• Helen Sharp, Yvonne Rogers, Jenny Preece.(2006). Interaction Design: Beyond Human-Computer Interaction.
16	2009-12-14 2009-12-20	***최종 프로젝트 발표**: 이 수업은 최종 발표로 오후 3시부터 시작해서 YES_HCI 세미나 시리즈와 연결하여 마무리 한다.	

3) 전문가 초청 워크숍(발표자료, 요약 회의록)

회차	일시	강사
1	2009. 6. 26.	한상기 교수(KAIST GSCT)
2	2009. 7. 24.	박주연 박사(삼성 모바일 사업부)
3	2009. 8. 19.	정태락 팀장(NEXON UXD팀)
4	2009. 8. 27.	이동석 책임연구원(LG전자 MC연구소)
5	2009. 9. 25.	송길영 전략기획이사(다음소프트)
6	2009. 10. 30.	권순교 박사(한양대학교 보건의료 연구소)
7	2009. 12. 11.	윤태석(NHN 뉴스 서비스팀 부장)

4) 학술대회 발표 및 강연

(1) 발표학회: 한국 HCI학회(KHCI) 학술대회

◉ 일정: 2009. 2. 10.

◉ 세션 제목: "노인의 삶의 질 향상을 위한 소셜 네트워크 서비스 연구: 정성 분석과 정량 분석 방법을 이용한 노인과 젊은 세대 비교 분석"

◉ 요약(Abstract):

전 세계적으로 노령화 문제가 사회적 이슈로 대두되고 있는 가운데, 노인이 느끼는 전반적인 삶의 질(QOL; Quality of Life)이 하락하는 문제가 중요한 문제로 인식되고 있다. 이에 다양한 형태로 발생하고 있는 노인 문제를 해결하기 위하여 노인학, 사회 복지학 등의 분야에서 많은 연구가 진행되고 있다. 이 중 노인의 사회적 관계(SN; Social Network)를 강화・확장하여 노인의 삶의 만족도 향상을 추구하고자 하는 연구를 찾아볼 수 있다. 이러한 관점에서 인터넷을 이용해 노인의 사회적 관계를 개선함으로써, 노인의 삶의 질을 향상시키고자 하는 것이 본 연구의 궁극적인 목표이다. 본 연구의 세부적인 목적은 현재 젊은층을 중심으로 많이 사용되는 SNS를 노인들이 사용하지 않는 이유를 분석하고, 노인을 위한 SNS의 핵심적인 기능적 · 서비스적 요소를 파악하는 데 있다.

이를 위해 현재 인터넷을 활발히 활용하고 있는 60세 이상의 노인 22명을 대상으로 개별 인터뷰, 사용 서비스 분석, FGI의 3가지 방식으로 데이터를 수집하였다. 이후 수집한 데이터를 이용하여 정성적 분석 방법으로 Casual Network를 도출하였으며, 정량적 분석 방법인 Laddering 분석으로 Hierarchical Map을 도출하여 비교하였다. 또한 도출된 결과가 노인만의 특징인지 파악하기 위해 대학생, 직장인 각 10명씩을 대상으로 하여 노인을 대상으로 한 연구 방식과 동일한 방법으로 데이터를 수집 · 분석하였다.

최종적으로 본 연구는 사회감성적 선택 이론(SST; Socioemotional Selectivity Theory)을 바탕으로 인터넷에서의 소셜 네트워크 활동도 오프라인과 유사한 특징을 가지고 있음을 밝히고 노인들을 현재 친하게 지내고 있는 사람들을 중심으로 SN을 강화시키려 하는 강화형 타입과 새로운 SN을 생성하기 위하여 노력하는 확장형 타입으로 구분할 수 있었다. 추후 이러한 특징들을 반영하여 노인을 위한 SNS가 지녀야 할 기능적 · 시스템적 요소를 제안하고, 추후 연구 및 SNS 개발과 관련한 계획을 정리하였다.

(2) 발표학회: IADIS(International Association for Development of the Information: e-Society 2009 proceedings)

◉ 일정: 2010. 2. 19.

◉ 세션 제목: "User Experience of online social-network services: comparing old and young adults using laddering analysis"

◉ 요약(Abstract):

In these aging societies, the decline of social relationships of older adults due to physical limitations is being identified as critical social problems. Social networking services(SNS) have been proposed to enhance the social relationships of older adults. However, today's SNSs only focus on younger users and are thus hard to use for older adults, and actual usage by older adults are close to none. Thus, this study focuses on comparing old adults and young adults in terms of their experience of using online social network services. We conducted individual interviews, service analysis, and focus group interviews for old as well as young adults. The qualitative data was analyzed by using laddering analysis technique. The results indicate old adults used social network services quite differently from young adults with different needs and motivation. Based on the study results we propose to construct a new online social network service for old adults.

(3) 발표학회: 한국 경영정보학회(KMIS) 춘계학술대회

◉ 일정: 2009. 6. 11.

◉ 세션 제목: "온라인 환경에서 노인의 정보 공유 활동이 삶의 질에 미치는 영향 연구: 사회감성적 선택 이론에 기반하여"

◉ 요약(Abstract):

최근 IS(Information System)나 HCI(Human-Computer Interaction) 분야에서 온라인을 통해 노인의 사회적 관계를 지원함으로써 노인이 인지하는 전반적인 삶의 질(QOL; Quality of Life)을 높이기 위한 다양한 연구가 진행되고 있다. 일반적으로 노인은 나이를 먹음에 따라 발생되는 인지적·신체적 능력의 저하나 환경적 변화로 인해 사회적 관계 활동이 줄어들고, 사회적 관계 활동 역시 새로운 관계 형성보다는 지인 중심으로 이루어진다고 알려져 있다. 하지만 최근 들어 온라인 환경에서 새로운 사회적 관계를 형성함으로써 삶의 즐거움을 찾는 노인 인구가 증가하고 있다.

이러한 현상을 설명하기 위해 본 연구에서는 노인학에서 노인의 사회적 관계를 설명하는 대표적인 이론인 사회감성적 선택 이론(SST; Socio-emotional Selectivity Theory)과 인지적 나이(Cognitive Age)를 도입하였다. SST의 측면에서 노인은 단순히 지인 중심의 사회적 관계만 선호하는 것이 아니라 죽음과 같은 특정 시점에 대한 남은 시간을 길게 인지할 경우, 젊은 사람들과 다를 것 없이 지식을 공유하는 활동이 동기로 작용하여 새로운 관계를 선호하거나 지양하게 된다. 또한 인지적 나이 측면에서는 실제 나이가 많더라도 자신이 인지하는 나이가 어릴 경우 젊은 사람처럼 행동하려는 성향을 보일 수 있다.

이와 같은 배경에서 본 연구는 SST 및 인지적 나이에 기반하여 온라인 환경에서 정보 중심의 사회적 관계 활동이 궁극적으로 노인의 QOL에 어떠한 영향을 미치는지 분석하기 위해, IS를 적극적으로 사용하는 노인들을 대상으로 설문조사를 실시하여 이론적 모형을 검증하였다. 이러한 연구 결과는 노인의 온라인 사회적 관계 활동을 이해하고 추후 노인을 위한 사회적 관계 활동 관련 서비스를 개발하는 데 도움을 줄 수 있으리라 본다.

(4) 발표학회: 한국 HCI학회(KHCI) 정기 학회 세션 발표

◉ 일정: 2010. 1. 27.

◉ 세션 제목: "HCI를 이용한 New Black Generation을 위한 social computing service"

◉ 요약(Abstract):

본 워크숍에서는 최근 들어 새로운 시장으로 급부상하고 있는 중장년층(New Black Generation; 55세 이후에 주 직장에서 퇴직한 연령)을 대상으로 한 social computing service 구축과 관련된 융합연구 결과를 소개하고자 한다. 최근 들어 우리나라에서 중장년층이 급속하게 늘어나고 있는데 이들은 높은 경제력과 시간적인 여유를 가지고 있으나 신체적・인지적 능력 감소로 인해서 젊은 사람들이 사용하는 디지털 서비스를 쉽게 사용하지 못하고 있다. 그러나 다른 사람들과 정보를 공유하고 의사소통을 하며 미디어를 공유할 수 있는 시스템은 노년에서의 삶의 질을 향상시킬 뿐만 아니라 국가적인 측면에서도 높은 부가가치를 제공할 수 있다. 따라서 본 워크숍에서는 기기적인 측면에서 PC, 모바일, TV를 망라하고, social computing적인 측면에서 social communication service, social game service, social media service를 망라하는 통합적인 소셜 네트워크 서비스를 HCI적인 입장에서 구축하는 내용을 다루고자 한다.

(5) 발표학회: 한국 HCI학회(KHCI) 정기 학회 세션 발표

◉ 일정: 2010. 1. 29.

◉ 세션 제목: "노인을 위한 휴대폰에는 어떠한 사용 경험이 필요한가?: 노인을 위한 휴대폰 사용자 경험모형 개발 및 검증에 대한 연구"

◉ 요약(Abstract):

최근 인터넷과 커뮤니케이션 기술의 급속한 발전은 사람들의 의사소통 방식에 큰 변화를 가져다주었다. 그런데 노인들의 경우 휴대폰 사용은 증가하였지만 일반적으로 젊은 사람들과 비교하여 휴대폰과 같은 기기와 서비스를 사용하는 데 큰 어려움을 겪고 있다. 노인들이 갖는 어려움을 해결하기 위해 지금까지 다양한 시도들이 진행되어 왔다. 하지만 이러한 시도들은 단순히 접근성(Accessibility) 측면에서만 이루어진 것으로 노인들이 실제로 가지고 있는 근본적인 필요(Needs)를 충족시키기 위해 휴대폰의 어떠한 경험요소들이 필요한지에 대한 연구는 아직 부족한 실정이다. 이에 본 연구는 노인들에게 적합한 휴대폰의 사용 경험요소들이 무엇인지 알아보고 이를 실증적으로 검증한 모형을 개발하는 연구를 진행하였다. 본 연구는 성공적인 노화 이론을 바탕으로 노인을 위한 휴대폰 사용자 경험요소를 도출하고, 가능한 자신 이론을 통하여 휴대폰 사용자 경험요소의 긍정적 측면과 부정적 측면을 모두 고려한 이론적 모형을 개발하고 이를 검증하였다

는 점에서 이론적인 의의를 찾을 수 있다. 또한 개발된 이론적 모형을 통하여 노인의 성공적인 노화를 지원하는 제품 및 서비스 개발전략 및 디자인 가이드라인을 제시한다는 측면에서 실용적 의의를 지닌다.

(6) 발표학회: 한국 HCI학회(KHCI) 정기 학회 세션 발표

◉ 일정: 2010. 1. 28.

◉ 세션 제목: “Human Computer Interaction: 노인 연구 문헌 조사 및 연구 방법론”

◉ 요약(Abstract):

HCI 분야에서 노인에 대한 연구는 꾸준히 진행되어 왔다. 본 연구에서는 약 20여 년간 진행된 HCI 분야의 노인 연구 문헌을 조사하고 정리하여 노인 연구를 시작하는 연구자들에게 노인 연구에 대한 가이드라인을 제공하는 데 목적을 두고 있다. 이에 따라 다양한 HCI 컨퍼런스와 저널에서의 연구 문헌을 조사하고, 노인과 관련된 이론들에 대해 살펴볼 것이다. 그리고 노인 참가자 모집 및 정량조사, 정성조사 시 고려해야 할 요소와 노인들에게 방법론을 적용하는 데 필요한 부분을 정리해서 보여준다. 이와 같은 방법을 통하여 이 연구는 연구자들에게 노인 연구에 대한 레퍼런스 자료로서 유용하게 사용될 수 있을 것이다.

(7) 발표학회: 한국 경영정보학회(KMIS) 춘계학술대회 발표

◉ 일정: 2010. 6. 11.

◉ 세션 제목: "노인의 성공적인 노화를 위한 휴대폰 사용자 경험: 자원 상황에 따른 가능한 자기 이론과 선택·최적화·보상 전략 이론을 바탕으로(스마트폰 응용 2 세션)"

◉ 요약(Abstract):

노인들의 평균 연령이 증가함에 따라 신체적·인지적 능력이 저하되는 상황에서도 휴대폰은 가족을 포함한 타인과 계속 소통하고 다양한 활동에 참여하는 것을 가능하게 한다. 따라서 휴대폰은 성공적인 노화에 유용한 하나의 도구로써 작용할 수 있다. 그러나 현재의 휴대폰은 신체적·사회적·심리적 웰빙에 도달하고자 하는 노인의 욕구를 충분히 지원하지 못하고 있으며, 노인들은 여전히 휴대폰 사용에 어려움을 느끼고 있다.

이러한 배경에서 본 연구는 노인의 성공적인 노화를 지원하기 위한 휴대폰의 사용자 경험요인이 무엇인지 알아보고, 실제로 노인의 가용 자원 상황에 따라 어떠한 사용자 경험요인이 강조되는지 알아보고자 했다.

이를 위해 본 연구는 가능한 자신(Possible Selves) 이론과 선택, 최적화, 보상 전략(Selection, Optimization, and Compensation) 이론에 대한 문헌 조사와 정성적 조사를 바탕으로 노인의 휴대폰 사용 경험에 관한 이론적 모형을 개발하고, 설문조사를 통해 이를 검증하였다(N=182).

그 결과, 품격(Dignity)과 새로운 기기 사용에 대한 혁신 저항감(Image Resistance)이 노인의 휴대폰 사용 경험에 영향을 미치는 핵심 요인임을 알 수 있었다. 또한 개인의 인지하는 가용 자원에 따라 자

원이 적을 경우 품격을 중시하는 휴대폰 개발이 필요하며, 자원이 많을 경우 혁신 저항감을 줄이는 휴대폰을 개발하는 것이 노인의 성공적인 노화에 도움이 됨을 알 수 있었다.

제5장 결 론

제5장 결 론

전 세계적으로 노인들의 성공적인 노화나 삶의 질에 대한 관심이 높아지고 있다(Bowling, 2008). 노인의 삶의 질 향상이나 성공적인 노화를 위해서는 신체적 건강뿐만 아니라 사회적 · 심리적인 웰빙도 중요한데 이를 위해서는 사회적인 관계가 중요하다. 특히 노인들의 경우 나이가 들면서 사회적인 관계가 점차 축소되고 기존에 있던 관계를 유지하는 것 역시 어려움을 겪게 된다. 이때 ICT를 활용하여 노인들의 소셜 네트워크의 유지와 확장을 지원해줄 수 있다. 특히 PC나 휴대폰과 같은 온라인 소셜 네트워크는 노인이 가지고 있는 신체적 · 물리적인 거리의 한계를 쉽게 극복할 수 있게 해준다. HCI 분야에서도 기술의 관점에서 노인의 삶의 전반적인 만족도를 높여주기 위한 여러 연구가 진행되고 있다(Buiza *et al.*, 2009; Dickinson and Gregor, 2006).

본 연구는 노인의 삶의 질(QOL; Quality of Life) 개선을 위한 모바일 기기의 활용 방안을 살펴보고, 고령자의 삶을 다양한 관점에서 조망함으로써 실제 노인에게 적합한 온라인 소셜 네트워크 지원 서비스 개발을 위한 핵심적인 요인을 파악하고자 하였다. 이를 위해 3차에 걸친 세부연구를 수행하였고, 각 세부연구를 통해 도출된 결과는 아래와 같이 서로 연계되었다.

노인의 온라인 소셜 네트워크 활동 전반에 대해 알아보고자 했던 세부연구 1을 통해서는 노인의 온라인 정보 공유 활동이 사회적 관계 활동으로 이어지고 결과적으로 삶의 질에 긍정적인 영향을 미칠 수 있으며, 이 과정에서 노인이 스스로에 대해 지각하는 바에 따라 영향 요인 간의 관계가 다르게 나타날 수 있음을 검증하였다. 본 연구의 결과는 반드시 사회적 관계 활동 자체를 지원하지 않더라도 다른 활동에 대한 지원이 사회적 관계 활동으로 이어져, 사회적 관계 활동의 활성화와 삶의 만족도 향상을 도모할 수 있음을 시사한다.

세부연구 2에서는 세부연구 1을 구체화하여, 삶의 질을 구성하는 요소 중 하나인 성공적인 노화에 초점을 맞추었고, 온라인 상황 중에서도 구체적으로 모바일 사용 경험을 기반으로 연구를 진행하였다. 본 연구 결과에서는 특히 노인이 스스로에 대해 지각하는 바(세부연구 1) 외에도 외부적인 요소와 보유자원의 차이가 성공적인 노화에 이르는 영향 요인 간의 관계를 다르게 수립할 수 있음이 드러났다. 덧붙여 품위와 연대, image resistance가 성공적인 노화에 직접적인 영향을 주는 것을 통계적으로 검증하였다.

세부연구 3에서는 앞선 두 연구의 결과를 통합하여, 사회적 관계 활동을 직접적으로 지원하지는 않으나 성공적인 노화에 긍정적인 영향을 줄 수 있는 다른 요인을 지원함으로써 사회적 관계를 공고히 하는, 결과적으로 성공적인 노화에 긍정적인 영향을 줄 수 있는 이론적인 모형을 설립하였다. 이를 기반으로 프로토타입을 구축하고, 실험을 통해 정량적으로 검증함으로써 노인들의 성공적인 노화를 위한 디지털 서비스 설계의 단서를 제공하였다.

본 연구는 이론적 프레임워크의 개발 및 통계적 검정과 다양한 노인 사용자를 대상으로 진행된 세부연구를 통해 노인을 위한 모바일 기기 및 서비스 구축의 지침을 제시하였다는 점에서 이론적 기여와 실용적 가치를 지닌다.

또한 본 연구들을 통해서 몇 가지 노인들의 특성을 발견할 수 있었다. 일반적으로 많은 노인들이 가족이나 친지, 친구와 같은 가까운 관계를 중심으로 소셜 네트워크 활동을 하는 경향이 있다. 그러나 사회감성적 선택 이론에 근거했을 때 남은 인생을 길게 인지하는 노인이나 인지적 나이가 젊은 노인들의 경우는 젊은 사람들과 크게 다를 것이 없이 새로운 것을 추구하고, 소셜 네트워크 활동에서도 새로운 사람들을 만나려고 하며, 이를 통해 새로운 지식을 공유하는 활동을 주로 한다는 것을 세부연구 1을 통하여 알 수 있었다. 노인에 관한 기존 연구들을 살펴보면 노인들의 실제 특성을 반영했다기보다는 사회적인 인식이나 편견에 치우쳐 있음을 발견하기 쉬운데 본 연구를 진행하면서 연구자들은 노인들의 정보 욕구가 젊은 사람들 못지않고 활동적이고 싶어 한다는 것을 알게 되었다. 또한 세부연구 2의 가능한 자신(Possible Selves) 이론에 따르면 개인적 상황에 따라 중시하게 되는 사용자 경험요인이 달라지는데, 본 연구에서는 SOC에 근거하여 노인 개인의 자원이 많고 적음에 따라 중시하는 사용자 경험요인이 달라짐을 정량적으로 밝혀냈다. 자원이 적은 노인의 경우 사회적 관계 활동을 계속적으로 유지하기 위해 휴대폰을 사용함을 알 수 있었으며, 기기로부터 무시 받는 듯한 느낌에 민감하게 반응함을 알 수 있었다. 즉 기존 연구에서는 노인계층이 단순히 하나의 동질성을 가진 큰 그룹으로 여겨졌는데, 본 연구를 통해 노인도 자원의 차이에 따라 다른 계층과 마찬가지로 다양한 필요(니즈)와 사회관계 패턴을 보임을 유추할 수 있었다. 이는 앞으로의 연구에서도 노인의 신체적·인지적 혹은 사회적 관계와 같은 자원의 개념을 통하여 좀 더 세분화된 접근이 필요함을 시사한다.

따라서 노인에 대한 구체적인 이해를 위해서는 실제 노인들의 다양성에 영향을 주는 요인이 무엇인지 파악해야 한다. 그래야만 노인의 다양성이 사회적 관계와 여러 ICT의 활용 시 어떠한 패턴 차이로 나타날 것인지에 대한 구체적인 탐색도 가능할 것이다. 앞으로의 연구는 노인들의 다양한 사회적 관계 패턴에 영향을 주는 요인을 탐색하고 ICT를 활용하여 이를 효과적으로 지원해 줄 수 있는 방안을 모색하는 방향으로 나아가야 한다. 또한 본 연구에서 제시한 다양한 이론과 실용적 제언을 반영하여 후속 연구가 이루어진다면 차후 노인층을 대상으로 한 학문적 이해의 지평을 넓힐 수 있을 것이다.

부록 연구 진행 결과표

···→ 계획 사항	→ 시행 사항

	월별 / 진행 내용	2008 8	9	10	11	12	2009 1	2	3	4	5	6	진행률
1차년	노인과 소셜 네트워크와의 상관관계 분석	···→ →	···→ →	···→ →									100%
	노인의 온라인 소셜 네트워크 사용 서비스 분석			→	···→ →	···→ →	···→ →	···→	···→				100%
	노인의 온라인 소셜 네트워크에서 주요 경험요소 분석							→	···→ →	···→ →	···→ →		100%
	중간보고서 제출											···→ →	100%

	월별 / 진행 내용	2009 7	8	9	10	11	12	2010 1	2	3	4	5	진행률
2차년	노인의 온라인 소셜 네트워크를 위한 모바일 기반 주요 경험요소 도출	···→ →	···→ →	···→ →									100%
	노인의 온라인 소셜 네트워크를 위한 모바일 기반 서비스 프로토타입 개발			···→	···→ →	···→ →	···→ →						100%
	노인의 온라인 소셜 네트워크를 위한 모바일 기반 서비스 프로토타입 평가 및 연구 결과 검증							···→ →	···→ →	···→ →	→		100%
	최종보고서 제출										···→ →	···→ →	100%

본 연구는 제안서에 제시했던 세부연구 내용을 계획대로 진행하였다. 세부적으로 1차연도 2번째 단계인 '노인의 온라인 소셜 네트워크(Online Social Network)를 사용하는 과정에 대한 서비스 분석'은 기존 제안서에 언급하였듯이 FGI 및 Interview 방법론을 통해 진행되었다. 인터뷰 참가자는 22명이었으며, 참가자 모집이 기대 이상으로 수월하게 진행되어 큰 어려움 없이 기존 예정보다 빠르게 마칠 수 있었다.

하지만 3번째 단계인 '온라인 소셜 네트워크에서 노인들에게 중요한 요소 분석'의 경우는 설문조사를 위해 대규모의 노인 인터넷 사용자를 모집해야 했기 때문에 예상보다 많은 시간이 걸렸다. 하지만 다행히 2번째 단계가 예상보다 빠른 시점에 종결된 덕분에 기존 예정에 맞게 마칠 수가 있었다. 따라서 연구 결과적인 측면에서는 1차연도에 예상했던 계획을 100% 수행할 수 있었다.

2차연도 진행 과정의 경우 특히 모바일 기기를 통한 온라인 소셜 네트워크 서비스 방안을 구축하기 위한 세부적인 계획이 구체화되었다. 따라서 2차연도에는 추가적으로 '노인의 온라인 소셜 네트워크를 위한 모바일 기반 주요 경험 요소 도출'에 대한 연구를 실시하여 앞선 온라인 소셜 네트워크에서의 경험 요소와 더불어 실제 노인들을 위한 프로토타입 개발에 활용했다. 그 과정에서 당초 계획하였던 것보다 진행이 다소 늦어졌지만 실제 프로토타입을 개발하고 검증하는 과정에서는 서울 내 여러 노인 복지기관의 도움으로 참가자 모집이 수월하게 진행되어 다소 늦어진 일정을 충분히 보충할 수 있었다. 연구 결과적인 측면에서 2차연도 역시 예상했던 계획을 충분히 수행할 수 있었다.

| 참고문헌 |

고정민, "고령화 사회의 도래에 따른 기회와 위협", 『Proceedings of SERI Issue Paper』, 2002.

박현구, "온라인 환경의 이모티콘과 비언어 행위의 관계: 관계통제 기제로서의 이모티콘", 『언론과학연구』, 5(3), 273-302, 2005.

유엔미래포럼, Proceedings, 2006.

일본국립사회보장인구문제연구소, "인구통계자료집", 『Proceedings』, 2005.

통계청, "연령별 자살지수", 『Proceedings』, 2005a.

통계청, "장래인구 특별 추계", 『Proceedings』, 2005b.

통계청, "연령별(전국) 추계인구", 『Proceedings of 연령별(전국) 추계인구』, 2009.

Abraham, J. D. and Hansson, R. O., "Successful Aging at Work: An Applied Study of Selection, Optimization, and Compensation Through Impression Management", *The Journals of Gerontology Series B: Psychological Sciences and Social Sciences*, 50B(2), 94-103, 1995.

Adams, R. G., "Patterns of Network Change: A Longitudinal Study of Friendships of Elderly Women", *The Gerontologist*, 27(2), 222-227, 1987.

Adesemowo, A. K. and Tucker, W. D., "Instant Messaging on Handhelds: An Affective Gesture Approach", *Proceedings of SAICSIT*, (pp. 244-251), White River, South Africa, 2005.

Antonucci, T. C., "Social relations: An examination of social networks, social support, and sense of control", *Handbook of the psychology of aging*, 2001.

Arnold, M. J. and Reynolds, K. E., "Hedonic shopping motivations",

Journal of Retailing, 79(2), 77-95, 2003.

Auken, S. V., Barry, T. E., & Bagozzi, R. P., "A cross-country construct validation of cognitive age", *Journal of the Academy of Marketing Science*, 34(3), 439-455, 2006.

Baltes, M. M. and Carstensen, L. L., "The Process of Successful Aging: Selection, Optimization, and Compensation", In Staudinger, U. M.Lindenberger, U. (Ed), *Understanding Human Development: Dialogues with Lifespan Psychology*, Springer, New York, 2003.

Baltes, M. M. and Lang, F. R., "Everyday Functioning and Successful Aging: The Impact of Resources", *Psychology and Aging*, 12(3), 433-443, 1997.

Baltes, P. B. and Baltes, M. M., *Successful Aging: Perspectives from the Behavioral Sciences*, Cambridge University Press, 1993.

Barak, B. and Schlffman, L. G., "Cognitive Age: A Nonchronological Age Variable", *Advances in Consumer Research*, 8, 602-606, 1981.

Barak, B., Stern, B. B., & Gould, S. J., "Ideal age concepts: An exploration", *Advances in consumer research*, 15, 146-152, 1988.

Becker, T., *et al.*, "Links between social networks and quality of life: an epidemiologically representative study of psychotic patients in South London", *Social Psychiarty Psychiatr Epidemiol*, 33(7), 299-304, 1998.

Bengston, V. L. and Schrader, S. S., "Parent-Child Relations", In Peterson, W. A. (Ed), *Research Instruments in Social Gerontology: Social Roles and Social Participation*, Univ of Minnesota Press, 1984.

Bengtson, V. L. and Roberts, R. E. L., "Intergenerational Solidarity in Aging Families: An Example of Formal Theory Construction", *Journal of Marriage and Family*, 53(4), 856-870, 1991.

Best, S. J., & Krueger, B. S., "Online Interactions and Social Capital", *Social Sciece Computer Review*, 24(4), 395-410, 2006.

Beaudoin, C. E., "Explaining the Relationship between Internet Use and Interpersonal Trust: Taking into Account Motivation and Information Overload", *Journal of Computer-Medaited Communication*, 13, 550-568, 2008.

Borglin, G., Edberg, A.-K. and Hallberg, I. R., "The experience of quality of life among older people", *Journal of Aging Studies*, 19(2), 201-220, 2005.

Bouma, H., *et al.*, "Technology: A Means for Enhancing the Independence and Connectivity of Older People", *Proceedings of CHI*, Vienna, Austria, 2004.

Bowling, A., "Enhancing later life: How older people perceive active ageing?", *Aging & Mental Health*, 12(3), 293-301, 2008.

Brown, P. and Levinson, S. C., "Politeness: Some Universals in Language Usage", Cambridge University Press, Cambridge, 1987.

Browne, M. W. and Cudeck, R., "Alternative Ways of Assessing Model Fit", *Sociological Methods & Research*, 21(2), 230-258, 1992.

Buiza, C., *et al.*, "Efficacy of Cognitive Training Experiences in the Elderly: Can Technology Help?" (Ed), *Lecture Notes in Computer Science*, Springer, Berlin, Heidelberg, 2009.

Bunz, U. and Campbell, S. W., "Accommodating Politeness Indicators in Personal Electronic Mail Messages", *Proceedings of the Association of Internet Researchers 3rd Annual Conference*, Maastricht, The Netherlands, 2002.

Carstensen, L. L., Isaacowitz, D. M., & Charles, S. T., "Taking time seriously: A theory of socioemotional selectivity", *American Psychologist*, 54(3), 165-181, 1999.

Carstensen, L. L., Fung, H. H., & Charles, S. T., "Socioemotional Selectivity Theory and the Regulation of Emotion in the Second Half of Life". *Motivation and Emotion*, 27(2), 103-123, 2003.

Chin, W. W., "The partial least squares approach for structural equation modeling". In Marcoulides, G. A. (Ed), *Modern methods for business research*, Lawrence Erlbaum Associates Publishers, 1998.

Coleman, J. S., "Social capital in the creation of human capital", *American Journal of Sociology*, 94(95-120), 1988.

Collins, G.A., "Rethinking Retirement in the Context of an Aging Workforce", *Journal of Career Development*, Vol. 30, No. 2, 145-157, 2003.

Contarello, A., & Sarricaa, M., "ICTs, social thinking and subjective well-being–The internet and its representations in everyday life", *Computers in Human Behavior*, 23(2), 1016-1032, 2007.

Deci, E. L. and Ryan, R. M., *Intrinsic Motivation and Self-Determination in Human Behavior*, Plenum Press, 1985.

Dickinson, A. and Gregor, P., "Computer Use has No Demonstrated Impact on the Well-being of Older Adults", *International Journal of Human-Computer Studies*, 64(8), 744-753, 2006.

Dickinson, A. and Prior, J. A. S., "Methods for Human-Computer Interaction Research with Older People", *Behaviour & Information Technology*, 26(4), 343-352, 2007.

Eastman, J. K., & Iyer, R., "The Impact of Cognitive Age on Internet Use of the Elderly: an Introduction to the Public Policy Implications", *International Journal of Consumer Studies*, 29(2), 125-136, 2005.

Fain, D. and Roberts, M. L., "Technology vs. Consumer Behavior: The Battle for The Financial Services Customer", *Journal of Direct Marketing*, 11(1), 44-54, 1999.

Falk, R. F. and Miller, N. B., *A Primer for Soft Modeling*, University of Akron Press, 1992.

Finch, J. F. and Okun, M. A., "Positive and Negative Social Ties Among Older Adults: Measurement Models and the Prediction of Psychological Distress and Well-Being", *American Journal of Community Psychology*, 1989.

Fiori, K. L., Antonucci, T. C. and Cortina, K. S., "Social Network Typologies and Mental Health Among Older Adults", *Journal of Gerontology: Psychological Science*, 2006.

Forlizzi, J., DiSalvo, C. and Gemperle, F., "Assistive Robotics and an Ecology of Elders Living Indepdently in Their Homes", *Human-Computer Interaction*, 19, 25-59, 2004.

Fornell, C. and Lacker, D. F., "Evaluating Structural Equation Models with Unobservable Variables and Measurement Error", *Journal of Marketing Research*, 18(1), 39-59, 1981.

Fraser, J., *et al.*, "Belonging at the Zoo: Retired Volunteers, Conservation Activism and Collective Identity", *Ageing & Society*, 29(3),

351-368, 2009.

Frazier, L. D., *et al.*, "Continuity and Change in Possible Selves in Later Life: A 5-Year Longitudinal Study", *Basic and Applied Social Psychology*, 22(3), 237-243, 2000.

Freund, A. M. and Baltes, P. B., "Selection, Optimization, and Compensation as Strategies of Life Management: Correlations With Subjective Indicators of Successful Aging", *Psychology and Aging*, 13(4), 531-543, 1998.

Freund, A. M. and Baltes, P. B., "Life-Management Strategies of Selection, Optimization, and Compensation: Measurement by Self-Report and Construct Validity", *Journal of Personality and Social Psychology*, 82(4), 642-662, 2002.

Fung, H. H., Lai, P., & Ng, R., "Age differences in social preferences among Taiwanese and mainland Chinese: The role of perceived time", *Psychology and Aging*, 16(2), 351-356, 2001.

Gabriel, Z. and Bowling, A., "Quality of life from the perspectives of older people", *Ageing and Society*, 24(5), 675-691, 2004.

Garcia, E. L., *et al.*, "Social network and health-related quality of life in older adults: A population-based study in Spain", *Quality of Life Research*, 14(2), 511-520, 2005.

Gatto, S. L. and Tak, S. H., "Computer, Internet, and E-mail Use Among Older Adults: Benefits and Barriers", *Educational Gerontology*, 34, 800-811, 2008.

George, L. K., "Dignity and Quality of Life in Old Age", *Journal of Gerontological Social Work*, 29(2), 39-52, 1998.

Gignac, M. A. M., Cott, C. and Badley, E. M., "Adaptation to Disability: Applying Selective Optimization With Compensation to the Behaviors of Older Adults With Osteoarthritis", *Psychology and Aging*, 17(3), 520-524, 2002.

Giles, H., "Accent Mobility: A Model and Some Data", *Anthropological Linguistics*, 15(2), 87-105, 1973.

Harpham, T., Grant, E. and Rodriguez, C., "Mental health and social capital in Cali, Colombia", *Social Science & Medicine*, 2004.

Harwood, J., "Communicative Predictors of Solidarity in the Grandparent-Grandchild Relationship", *Journal of Social and Personal*

Relationships, 17(6), 743-766, 2000.

Heckhausen, J., "Developmental Regulation across Adulthood: Primary and Secondary Control of Age-Related Challenges", *Developmental Psychology*, 33(1), 176-187, 1997.

Hernández-Encuentra, E., Pousada, M. and Gómez-Zúñiga, B., "ICT and Older People: Beyond Usability", *Educational Gerontology*, 35(3), 226-245, 2009.

Hsu, H.-C., "Exploring Elderly People's Perspectives on Successful Ageing in Taiwan", *Ageing & Society*, 27(1), 87-102, 2007.

Hu, L.-t. and Bentler, P. M., "Cutoff criteria for fit indexes in covariance structure analysis: Conventional criteria versus new alternatives", *Structural Equation Modeling*, 6(1), 1-55, 1999.

Iyer, R., Reisenwitz, T. H., & Eastman, J. K. "The Impact of Cognitive Age on Senior's Lifestyles", The Marketing Management Association, 18(2), 106-118, 2008.

Jacelon, C. S., *et al.*, "A concept analysis of dignity for older adults", *Journal of Advanced Nursing*, 48(1), 76-83, 2004.

Jacobson, N., "A Taxonomy of Dignity: a Grounded Theory Study", *BMC International Health and Human Rights*, 9(3), 3-11, 2009.

Jopp, D. and Smith, J., "Resources and Life-Management Strategies as Determinants of Successful Aging: On the Protective Effect of Selection, Optimization, and Compensation", *Psychology and Aging*, 21(2), 253-265, 2006.

Kane, R. A., *et al.*, "Quality of Life Measures for Nursing Home Residents", *Journal of Gerontology: MEDICAL SCIENCES*, 58A(3), 240-248, 2003.

Karavidas, M., Lim, N. K. and Katsikas, S. L., "The effects of computers on older adults users", *Computers in Human Behavior*, 21(5), 697-711, 2005.

Kavanaugh, A. L., Resse, D. D., Carroll, J. M., & Rosson, M. B., "Weak Ties in Networked Communities", *The Information Society*, 21, 119-131, 2005.

Kay, R. H., "An Exploration of Theoretical and Practical Foundations for Assessing Attitudes toward Computers: The Computer Attitude Measure (CAM)", *Computers in Human Behavior*, 9(4), 371-

386, 1993.

Keil, M., *et al.*, "A Cross-Cultural Study on Escalation of Commitment Behavior in Software Projects", *MIS Quarterly*, 24(2), 299-325, 2000.

Krohn, F. B., "A Generational Approach to Using Emoicons as Nonverbal Communication", *Journal of Technical Writing and Communication*, 34(4), 321-328, 2004.

Kurniawan, S., "Older People and Mobile Phones: A Multi-Method Investigation", *International Journal of Human-Computer Studies*, 66(12), 889-901, 2008.

Lang, F. R. and Carstensen, L. L., "Close emotional relationships in late life: Further support for proactive aging in the social domain", *Psychology & Aging*, 9, 315-324, 1994.

Lang, F. R., Rieckmann, N. and Baltes, M. M., "Adapting to Aging Losses: Do Resources Facilitate Strategies of Selection, Compensation, and Optimization in Everyday Functioning?", *Journal of Gerontology: PSYCHOLOGICAL SCIENCES*, 57B(6), 501-509, 2002.

Laukkanen, P., Sinkkonen, S. and Laukkanen, T., "Consumer resistance to internet banking: postponers, opponents and rejectors", *The International Journal of Bank Marketing*, 26(6), 440-455, 2008.

Lee, M. S. W., Motion, J. and Conroy, D., "Anti-Consumption and Brand Avoidance", *Journal of Business Research*, 62(2), 169-180, 2009.

Leventhal, R. C., "Aging Consumers and Their Effects on the Marketplace", *Journal of Consumer Marketing*, 14(4), 276-281, 1997.

Li, K. Z. H., *et al.*, "Walking while Memorizing: Age-Related Differences in Compensatory Behavior", *Psychological Science*, 12(3), 230-237, 2001.

Lindley, S. E., Harper, R. and Sellen, A., "Designing for Elders: Exploring the Complexity of Relationships in Later Life", *Proceedings of British Computer Society Conference on Human-Computer Interaction*, (pp. 77-86), Liverpool, United Kingdom, 2008.

Litwin, H., "Social Network Type and Moral in Old Age", *The Gerontological Society of America*, 2001.

Lockenhoff, C. E., & Carstensen, L. L., "Socioemotional Selectivity Theory, Aging, and Health: The Increasingly Delicate Balance Between Regulating Emotions and Making Tough Choices", *Journal of Personality*, 72(6), 1395-1424, 2004.

Markus, H. and Nurius, P., "Possible Selves", *American Psychologist*, 41(9), 954-969, 1986.

McKnight, D. H., Choudhury, V., & Kacmar, C., "Developing and Validating Trust Measures for e-Commerce: An Integrative Typology", *Information Systems Research*, 13(3), 334-359, 2002.

Meiners, E. B. and Miller, V. D., "The Effect of Formality and Relational Tone on Supervisor/subordinate Negotiation Episodes", *Western Journal of Communication*, 68(3), 302-321, 2004.

Melenhorst, A.-S., Rogers, W. A. and Bouwhuis, D. G., "Older Adults' Motivated Choice for Technological Innovation: Evidence for Benefit-Driven Selectivity", *Psychology and Aging*, 21(1), 190-195, 2006.

Mergel, I. and Langenberg, T., "What makes online ties sustainable? A research Design Proposal to Analyse Online Social Networks", *Harvard PNG*, 2006.

Merz, E.-M., Schuengel, C. and Schulze, H.-J., "Intergenerational solidarity: An attachment perspective", *Journal of Aging Studies*, 21(2), 175-186, 2007.

Mesch, G. and Talmud, I., "The Quality of Online and Offline Relationships: The Role of Multiplexity and Duration of Social Relationships", *The Information Society*, 2006.

Meuter, M. L., *et al.*, "The Influence of Technology Anxiety on Consumer Use and Experiences with Self-service Technologies", *Journal of Business Research*, 56(11), 899-906, 2003.

McCann, R. M. and Giles, H., "Communication With People of Different Ages in the Workplace: Thai and American Data", *Human Communication Research*, 32(1), 74-108, 2006.

Morgan, A. J., "The Evolving Self in Consumer Behavior: Exploring Possible Selves", *Advances in Consumer Research*, 20(1), 429-432,

1993.
Nimrod, G. and Kleiber, D. A., "Reconsidering Change and Continuity in Later Life: Toward an Innovation Theory of Successful Aging", *The International Journal of Aging and Human Development*, 65(1), 1-22, 2007.
Oulasvirta, A. and Blom, J., "Motivations in Personalisation Behaviour", *Interacting with Computers*, 20(1), 1-16, 2007.
Park, H. W., "A New Method for the Study of Social Structure on the Web", *Connections*, 2003.
Patrick, V. M., Maclnnis, D. J. and Folkes, V. S., "Approaching What We Hope For sad Avoiding What We Fear: The Role of Possible Selves in Consumer Behavior", *Advances in Consumer Research*, 29(1), 270-276, 2002.
Paxton, P., Is "Social Capital Declining in the United States?: A Multiple Indicator Assessment", *American Journal of Sociology*, 105(1), 88-127, 1999.
Pfeil, U. and Zaphiris, P., "Patterns of Empathy in Online Communication", *Proceedings of CHI 2007*, San Jose, 2007.
Podsakoff, P. M., *et al.*, "Common Method Biases in Behavioral Research: A Critical Review of the Literature and Recommended Remedies", *Journal of Applied Psychology*, 88(5), 879-903, 2003.
Putnam, R. D., *Bowling alone: The collapse and revival of American community*, Simon & Schuster, 2000.
Rowe, J. W. and Kahn, R. L., "Successful Aging", *The Gerontologist*, 37(4), 433-440, 1997.
Ryff, C. D., "Happiness Is Everything, or Is It? Explorations on the Meaning of Psychological Well-Being", *Journal of Personality and Social Psychology*, 57(6), 1069-1081, 1989.
Ryff, C. D., "Possible Selves in Adulthood and Old Age: A Tale of Shifting Horizons", *Psychology and Aging*, 6(2), 286-295, 1991.
Sánchez, J. A., *et al.*, "Conveying mood and emotion in instant messaging by using a two-dimensional model for affective states", *Proceedings of Proceedings of VII Brazilian symposium on Human factors in computing systems*, (pp. 66-72), Natal, 2006.

Schmid, A. H., "The deficiency model: an exploration of current approaches to late-life disorders", *Psychiatry*, 54, 358-367, 1991.

Silverstein, M., Giarrusso, R. and Bengtson, V. L., "Intergenerational Solidarity and the Grandparent Role". In Szinovácz, M. (Ed), *Handbook on grandparenthood, Greenwood Publishing Group*, 1998.

Slegers, K., Boxtel, M. P. J. v., & Jolles, J., "Effects of Computer Training and Internet Usage on the Well-Being and Quality of Life of Older Adults: A Randomized, Controlled Study". *Journal of Gerontology: Psychological Sciences*, 63B(3), 176-184, 2008.

Smith, H., Rogers, Y. and Brady, M., "Managing one's Social Network: Does age make a difference?", *Proceedings of Proceedings of INTERACT*, (pp. 551-558), Zurich, 2003.

Smith, J. and Freund, A. M., "The Dynamics of Possible Selves in Old Age", *Journal of Gerontology: PSYCHOLOGICAL SCIENCES*, 57B(6), 492-500, 2002.

Smith, K. W., Avis, N. E. and Assmann, S. F., "Distinguishing between quality of life and health status in quality of life research: A meta-analysis", *Quality of Life Research*, 8(5), 447-459, 1999.

Sobel, M. E., "Asymptotic Confidence Intervals for Indirect Effects in Structural Equation Models" (Ed), *Sociological Methodology*, John Wiley & Sons, 1982.

Sokoler, T. and Svensson, M. S., "Embracing Ambiguity in the Design of Non-stigmatizing Digital Technology for Social Interaction among Senior Citizens", *Behaviour & Information Technology*, 26(4), 297-307, 2007.

Standage, M., Duda, J. L. and Ntoumanis, N., "A Model of Contextual Motivation in Physical Education: Using Constructs from Self-determination and Achievement Goal Theories to Predict Physical Activity Intentions", *Journal of Educational Psychology*, 95(1), 97-110, 2003.

Staudinger, U. M., Marsiske, M. and Baltes, P. B., "Resilience and Reserve Capacity in Later Adulthood: Potentials and Limits of Development across the Life Span" (Ed), *Development and Psychopathology*, 1995.

Tichy, N. M., Tushman, M. L. and Fombrun, C., "Social Network Analysis for Organizations", *Academy of Management Review*, 1979.

Vetere, F., *et al.*, "The Magic Box and Collage: Responding to the challenge of distributed intergenerational play", *International Journal of Human-Computer Studies*, 67(2), 165-178, 2009.

Vetere, F., *et al.*, "Mediating Intimacy: Designing Technologies to Support Strong-Tie Relationships", *Proceedings of Conference on Human Factors in Computing Systems*, Portland, Oregon, USA, 2005.

Vokes, E. E. & Golomb, H. M., *Oncologic therapies*, 2nd edn, In: Kindler HL, Schilsky RL, Colorectal cancer, Springer, Berlin Heidelberg New York, (pp. 425-438), 2003(Eds.)

Waid, L. D. and Frazier, L. D., "Cultural differences in possible selves during later life", *Journal of Aging Studies*, 17(3), 251-268, 2003.

Wang, S. and Cheng, Y., "Online Interactivity Induces Offline Social Isolation? A Longitudinal Social network survey", *Proceedings of Proceedings of World Conference on E-Learning in Corporate, Government, Healthcare, and Higher Education*, 2004.

Webster, C. and Bryan, K., "Older People's Views of Dignity and How It Can Be Promoted in a Hospital Environment", *Journal of Clinical Nursing*, 18(12), 1784-1792, 2009.

Wei, S.-C., "Consumers' Demographic Characteristics, Cognitive Ages, and Innovativeness", *Advances in Consumer Research*, 32(1), 633-640, 2005.

Woolhead, G., *et al.*, "Dignity in Older Age: What Do Older People in the United Kingdom Think?", *Age and Ageing*, 33(2), 165-170, 2004.

Wright, K., "Computer-mediated social support, older adults, and coping", *Journal of Communication*, 50(3), 100-118, 2006.

Xie, B., "Using the Internet for Offline Relationship Formation", *Social Science Computer Review*, 2007.

Xie, B., "Multimodal Computer-Mediated Communication and Social Support among Older Chinese Internet Users", *Journal of*

Computer-Mediated Communication, 13(3), 728-750, 2008.
Zhan, L., "Quality of Life: conceptual and measurement issues", *Journal of Advanced Nursing*, 17(7), 795-800, 1992.

저자 소개

김진우(金振宇) 연세대학교 경영학과 졸업
Carnegie Mellon University, GSIA 졸업(경영학 박사)
현재 연세대학교 경영학과 교수
HCI Lab 주임교수
기술경영협동과정 주임교수

아산재단 연구총서 제338집

노인의 삶의 질 향상을 위한 온라인 소셜 네트워크 구축 방안 값 9,000원

2013년 1월 30일 1판 1쇄

저 자 김 진 우
발 행 인 임 동 규
발 행 처 **집 문 당**
주 소 110-360 서울특별시 종로구 돈화문로 82
등 록 1971. 3. 23. 제406-2003-000039호
영 업 부 (02)743-3192~3 팩스(02)742-4657
전자우편 sale@jipmoon.co.kr
편 집 부 (02)743-3096~7 팩스(02)743-0227
전자우편 edit@jipmoon.co.kr
홈페이지 www.jipmoon.co.kr

ISBN 978-89-303-1585-2
978-89-303-1500-5(세트)

이 도서의 국립중앙도서관 출판시도서목록(CIP)은 e-CIP홈페이지(http://www.nl.go.kr/ecip)와 국가자료공동목록시스템(http://www.nl.go.kr/kolisnet)에서 이용하실 수 있습니다.
(CIP제어번호: CIP2013000111)

아 | 산 | 재 | 단 | 연 | 구 | 총 | 서

48 삶의 질에 대한 국가간 비교
조명한 외 | 서울대 심리학과

49 외국인 노동자의 노사관계와 사회적 적응
석현호 외 | 성균관대 사회학과

50 한국의 사법제도와 발전 모델
정종섭 | 건국대 법학과

51 고령화사회와 중상층 노인의 사회활동
조성남 외 | 이화여대 사회학과

52 한국의 서비스 시장 개방정책
한홍렬 | 한양대 경제학부

53 한국과 AFTA간의 교역증진 및 경제 협력방안
손일태 외 | 경희대 경제통상학부황

54 물류비 절감을 위한 무역업체의 정보화전략
이영수 외 | 경북대 경제통상학부

55 사회주의 체제전환과 사회정책
오정수 외 | 충남대 사회복지학과

56 남북통일 이후 농업생산체계 개편
홍성규 외 | 건국대 농업경제학과

57 국제화와 세계화
하영선 외 | 서울대 외교학과

58 IMF 개혁정책의 평가와 한국경제의 신(新) 패러다임
조동근 | 명지대 경제학과

59 구조개혁과 실업대책
박동운 | 단국대 경제무역학부

60 21세기 신노사관계
심윤종 외 | 성균관대 사회학과

61 학교에서의 집단 따돌림
이춘재 외 | 가톨릭대 심리학과

62 한국노인의 정신건강실태와 건강증진
조맹제 외 | 서울대 의과대학

63 혁명과 개혁 속의 중국 농민
김광억 | 서울대 인류학과

64 중국의 경제환경과 한국기업의 진출 전략
지용희 외 | 서강대 경영학과

65 김대중 대통령의 시스템 사고
김동환 | 중앙대 공공정책학부

66 실업과 가족해체
최일섭 외 | 서울대 사회복지학과

67 합리적 부채비율 조정방안
오상근 | 동아대 경제학과

68 한국 중산층의 생활문화
문숙재 외 | 이화여대 소비자 · 인간발달학과

69 계층간 갈등상태에서 최적소득세
김진욱 | 건국대 경상학부

70 글로벌 경쟁력 제고를 위한 기업전략과 조직구축
이만우 외 | 고려대 경영학과

71 의료보험과 국민연금의 관리효율화를 위한 통합방안
사공진 외 | 한양대 경제학부

72 정부개혁의 과제와 전략
박우서 외 | 연세대 행정학과

73 책임운영기관 제도에 관한 비교분석
김근세 | 가톨릭대 행정학과

74 새로운 패러다임하에서의 한국기업의 바람직한 지배구조
최운열 외 | 서강대 경영학과

75 현대 한국사회의 계층구조
양춘 외 | 고려대 사회학과

76 한국의 산업정책과 산업구조조정
강인수 | 숙명여대 경제학부

77 기업구조조정
김석진 | 경북대 경영학부

78 지식경영을 위한 인적자원 개발 및 관리체계
장영철 | 경희대 경영학부

79 뉴 비즈니스 모델
전성현 | 국민대 정보관리학부

80 중산층의 정체성과 소비문화
함인희 외 | 이화여대 사회학과

81 외국관광객 유치를 위한 마케팅 전략
박상규 | 강원대 경영학과

82 한국인의 세대별 문학의식
이동순 | 영남대 국문과

83 공공부문의 효율성 평가와 측정
김재홍 외 | 울산대 사회과학부

84 한국 청소년의 정치의식과 형성요인
김광웅 외 | 숙명여대 아동복지학과

85 한국 대학생의 정치의식
배한동 | 경북대 윤리교육과

86 산업의 정보화와 산업발전
이기동 | 계명대 통상학부

87 한국 제조업의 고용조정 분석
이종원 외 | 성균관대 경제학부

88 지식자산에 대한 경영전략적 평가모형 개발
배재학 외 | 울산대 컴퓨터 · 정보통신공학부

89 관광사업을 위한 한국적 이미지의 휴식복 개발
채금석 | 숙명여대 의류학과

90 한국 정치제도의 개혁
신정현 | 경희대 사회과학부

91 e비즈니스와 아웃소싱 전략
정승화 외 | 연세대 경영학과

92 집단 따돌림의 진단 및 치료방안
홍준표 | 중앙대 인간생활환경학과

93 16대 총선과 낙선운동
조기숙 | 이화여대 국제대학원

94 부동층 유권자 행태 분석
진영재 | 연세대 정치외교학과

95 사이버 공동체의 성공요인
이재관 | 숭실대 경영학부

96 온라인 소비자 행동의 이론과 실증
윤성준 | 경기대 경영학부

97 글로벌 시대 정약용 세계관의 가능성과 한계
차성환 | 한일장신대 역사사회학과

98 러시아의 체제전환 과정에서 나타난 국가의 역할과 그 전망
이상민 외 | 부산대 정치외교학과

99 남북한의 경제발전 수준과 산업구조 비교, 그리고 경제교류 협력방향
주성환 | 건국대 경제학과

100 집단따돌림과 교육해체
한준상 | 연세대 교육학과

101 공적연금제도의 효율성과 개선방안
유금록 | 군산대 행정복지학부

102 벤처기업-대기업의 성공적인 협력 모델
나중덕 | 경산대 경영학과

103 북한의 재외동포정책
조정남 외 | 고려대 정치외교학과

104 사이버 공동체 형성의 역동적 모형
장용호 | 서강대 신문방송학과

105 기업이론과 기업의 소유지배구조
김일태 외 | 전남대 경제학부

106 가축분뇨 자원화를 위한 공동이용조직에 대한 농가선호도 분석
유덕기 | 동국대 생명자원경제학과

107 개혁정책과 전문가 집단
이경원 외 | 제주대 행정학과

108 현대 한국사회의 이중가치체계
신수진 외 | 이화여대 가정관리학과

109 한국의 산업구조 변화와 기업집단 다각화 전략
김용학 외 | 연세대 사회학과

110 지식정보사회의 경제적 모형 설정 및 사례 연구
김범환 | 배제대 경영정보학부

111 변호사징계제도
오종근 | 한림대 법학부

112 인터넷 특허법
김순석 | 광주대 법학과

113 e-비즈니스 시대의 금융 및 재정정책의 새로운 패러다임
이종욱 | 서울여대 경제학과

114 청소년의 하위문화와 정체성
조성남 | 이화여대 사회학과

115 디지털금융시대의 금융구조변화와 정부규제 및 정책
이충열 | 고려대 경제학부

116 지식경영을 위한 기업의 조직설계방안
김경수 외 | 전남대 경영학과

117 전자금융의 발달과 경제정책의 새로운 패러다임
이명훈 | 명지대 경제학과

118 동아시아의 안보와 유엔체제
강성학 편저 | 고려대 정치외교학과

119 유료 치매노인 그룹홈의 개발과 관련 정책
최정신 외 | 가톨릭대 소비자·주거학과

120 소비자 지향적 문화산업 정책
홍영준 | 호남대 광고홍보학과

121 국제·국가·지방 환경규제의 연계
정준금 외 | 울산대 행정학과

122 현행 회사 합병·분할제도의 평가와 개선방안
옥무석 외 | 이화여대 법학과

123 배려지향적 도덕성과 정의지향적 도덕성
정옥분 외 | 고려대 사범대학

124 기업구조조정에 대한 채권금융기관 및 금융감독기관의 역할과 책임
이중기 | 한림대 법학과

125 실업대책으로서 한국의 법정기준근로시간 단축
박영범 | 한성대 경제학과

126 프랑스어의 비분리성 소유개념 표현
노윤채 | 연세대 언어정보연구원

127 지방채의 효율적 관리방안
강태구 | 호원대 법행정학부

128 21세기 산업구조 변화와 과학기술정책
임채성 외 | 그리스도신학대 경영정보학부

129 인터넷 쇼핑몰 이용자의 불평행동
예종석 | 한양대 경영학부

130 한국기업의 성과급제도 현황, 효과 및 개선방안
김성수 | 서울대 경영학과

131 전자상거래와 소비자보호
서민교 외 | 경일대 인터넷국제통상학과

132 평생학습 사회에서의 인적자원개발을 위한 사회적 파트너십 구축
김영화 | 홍익대 교육학과

133 한국 공교육의 새로운 구상과 전략
권대봉 외 | 고려대 교육학과

134 한국의 정부개혁
김태룡 | 상지대 행정학과

135 지방정부 생산성 측정의 이론과 실제
이은국 외 | 연세대 행정학과

136 불가 시문학론
배규범 | 경희대 학술연구 교수

137 남북경제교류의 법적 문제
제성호 | 중앙대 법학과

138 경제위기와 청소년 발달
구인회 | 서울대 사회복지학과

139 생명과학기술의 응용과 기본권보호적 한계
정상기 외 | 한남대 법학과

140 경제발전과 정치환경의 한·일 비교분석
정갑영 외 | 연세대 동서문제연구원

141 한국 공교육의 진단
윤정일 외 | 서울대 교육학과

142 우리나라 지방자치 발전을 위한 자치 단체장의 역할
정성호 외 | 경기대 사회과학부

143 의료보험제도의 개혁방안
권순원 | 덕성여대 경제학과

144 중등 도덕교육의 현실과 문제
손동현 외 | 성균관대 철학과

145 사이버공동체 발전론
이명식 | 상명대 경영학과

146 남북경협 확대에 대비한 북한 담보 제도의 정비방안
박훤일 | 경희대 법과대학

147 한국 공무원 인사제도 개혁
김판석 | 연세대 행정학과

148 교사화법 교육
임칠성 외 | 전남대 국어교육과

149 세계화의 문화정치학
임혁백 외 | 고려대 정치외교학과

150 효과적인 e-SCM을 위한 의사결정 조정 시스템 모형
이원준 | 성균관대 경영학부

151 환경거버넌스
김종순 외 | 건국대 행정학과

152 자동차산업의 인적자원관리
이덕로 | 서원대 경영학부

153 한국과 영국 간 지식기반산업 비교
이명호 | 한국외대 경영학과

154 한국 벤처기업의 기술네트워킹 및 기술마케팅 전략
장영일 | 인제대 경영학부

155 회사변호사의 윤리
오승종 | 성균관대 법과대학

156 미디어교육론
이정춘 | 중앙대 신문방송학과

157 조선시대 서원과 양반
윤희면 | 전남대 역사교육과

158 환경문제와 철학
박찬국 | 서울대 철학과

159 노인보건복지 이론과 실제
김명 외 | 이화여대 보건교육학과

160 북한의 법체계
권재열 외 | 숭실대 법학과

161 생명공학기술의 안전성 확보에 관한 법적 고찰
이재협 | 경희대 법학부

162 청소년복지학
김성이 외 | 이화여대 사회복지학과

163 변화하는 세계, 변화하는 복지국가
조영훈 | 동의대 사회복지학과

164 의리의 윤리와 한국의 유교문화
김낙진 | 진주교대 도덕교육과

165 미국의 통상정책과 통상법
윤충원 | 전북대 무역학과

166 사회복지 프로그램 평가
김학주 | 경상대 사회복지학과

167 환경주의와 지속가능한 발전
정대연 | 제주대 사회학과

168 무역과 환경
김기흥 외 | 경기대 경제학부

169 산업계 유해폐기물의 위험과 관리
김금수 | 호서대 경상학부

170 백범 김구의 지적 계발과정 탐색
문용린 | 서울대 교육학과

171 태평양전쟁 발발 이후 일제의 인적 지배와 그리스도교계의 대응
윤선자 | 전남대 사학과

172 거버넌스 상황에서 갈등관리를 위한 대체적 분쟁해결제도
서순복 | 광주대 법정학부

173 시장경제의 유형과 민주주의
최배근 | 건국대 경상학부

174 일본고전소설 총론
김현정 | 국립한국전통문화학교

175 국어 교육을 위한 국어 문법론
이관규 | 홍익대 국어교육과

176 율곡의 군주론
전세영 | 부산교대 윤리교육과

177 동북아시아 환경협력
정서용 | 명지대 법학과

178 기후변화협약과 기후정책
신의순 외 | 연세대 경제학과

179 인터넷과 국제 학술정보 네트워크-하이퍼링크 분석
박한우 | 영남대 언론정보학과

180 국내 기업복지의 활성화 방안
최수찬 | 연세대 사회복지대학원

181 세계화와 인간안보
김우상 외 | 연세대 정치외교학과

182 세계문화유산 종묘 이야기
지두환 | 국민대 국사학과

183 한국 평생교육의 사회철학적 과제
곽삼근 | 이화여대 교육학과

184 강점모델
정순둘 | 이화여대 사회복지학과

185 글로벌시대의 계약법
박영복 | 한국외대 법과대학

186 배심제와 시민의 사법참여
안경환 | 서울대 법학과

187 동북아공동체
김재한 | 한림대 정치외교학과

188 정치 참여와 탈물질주의
김욱 | 배재대 정치외교학과

189 퍼지전문가회로망을 이용한 금융기관의 사이버 기업여신결정 지원시스템의 개발
권혁대 | 목원대 경영학과

190 환경정책과 환경법
송인성 | 전남대 지역개발학과

191 포스트모던 시대의 평생교육학
한숭희 | 서울대 교육학과

192 현대 한국인의 세대경험과 문화
박길성 외 | 고려대 사회학과

193 서구의 근로연계복지
김종일 | 건국대 사회복지학과

194 사회복지운동론
현외성 | 경남대 사회복지학과

195 외국의 역모기지 사례
유선종 | 건국대 부동산학과

196 옛이야기와 어린이문학
이지호 | 진주교대 국어교육학과

197 노인사회복지관광의 정책과제와 방안
김창수 | 경기대 관광학부

198 복지서비스의 민간위탁 시스템 분석
김순양 | 영남대 행정학부

199 새로운 빈곤층의 대두와 정부의 정책과제
김진욱 | 건국대 경제학과

200 문화행정론
김정수 | 한양대 행정학과

201 스칸디나비아 노인용 코하우징의 계획과 적용
최정신 외 | 가톨릭대 생활과학부

202 북한의 자연생태계
공우석 | 경희대 지리학과

203 통계로 이해하는 러시아
전홍찬 | 부산대 정치외교학과

204 사회복지법인의 경영과 회계
이동규 | 충남대 회계학과

205 의약분업 정책과정
차흥봉 | 한림대 사회복지학과

206 지역공동체와 평생교육
오혁진 | 동의대 평생교육학부

207 아동보호서비스의 실제
한미현 | 백석대 사회복지학부

208 그린마케팅
박재기 | 충남대 경영학부

209 아동권리와 아동복지
이혜원 | 성공회대 사회복지학과

210 국제 이주와 인도인 디아스포라
김경학 | 전남대 인류학과

211 질병과 의료의 사회학
조병희 | 서울대 보건대학원

212 북한이탈주민의 사회통합을 위한 지역복지실천의 모색
이기영 | 부산대 사회복지학과

213 치매노인케어론
조유향 | 초당대 간호학과

214 노인상담입문
서혜경 외 | 한림대 대학원 사회복지학과

215 '통일 이후 통일과정'으로서의 독일 통일영화
이준서 | 이화여대 독어독문학과

216 중국의 사회보장
오정수 | 충남대 사회복지학과

217 환경자원의 경제적 가치와 환경오염의 사회적 비용
김재홍 | 울산대 사회과학부

218 사회복지프로그램의 경제적 평가방법
박창제 외 | 상주대 사회복지학과

219 자유의지와 결정론
안건훈 | 강원대 철학과

220 심리학자들이 쓴 행복한 결혼의 심리학
채규만 외 | 성신여대 심리학과

221 현대 해석학 강의
양해림 | 충남대 철학과

222 한국인의 주거 빈곤과 공공주택
하성규 | 중앙대 도시 및 지역계획학과

223 IMF 경제위기와 한국 출산력의 변화
김두섭 | 한양대 사회학과

224 동아시아의 영토분쟁과 국제법
이석우 | 인하대 법학부

225 독일 복지국가와 사회복지서비스
정재훈 | 서울여대 사회사업학과

226 사회복지사를 위한 실용 비모수통계
엄명용 | 성균관대 사회복지학과

227 피해자학 연구
이윤호 | 동국대 경찰행정학과

228 광고언어창작론
박영준 외 | 부경대 국어국문학과

229 환경규제 패러다임의 전환
한철 | 한남대 법학과

230 고령사회의 노동환경변화와 고용시스템의 문제점 및 법적 대응
고준기 | 국립군산대 법학과

231 세계화와 소득불평등
이성균 외 | 울산대 사회과학부

232 유비쿼터스 사회의 이해
안중호 외 | 서울대 경영학과

233 국제환경책임법론
박병도 | 건국대 법학과

234 한국의 선거와 민주주의
윤종빈 | 명지대 정치외교학과

235 한국 시민운동의 구조와 동학
조대엽 외 | 고려대 사회학과

236 또래관계
송영혜 | 대구대 재활심리학과

237 해외 한국기업과 현지인 노동자
석현호 외 | 에스코이아학술문화재단

238 독일 국가복지에서 민간복지단체의 역할과 의미
차성환 외 | 한일장신대 사회복지학부

239 청정공학
조정호 | 동양대 생명화학공학과

240 한국전통연희론
심상교 | 부산교육대 국어교육학과

241 정신장애와 가족
서미경 | 경상대 사회복지학부

242 빈곤통계의 작성과 활용
김주환 | 동국대 정보통계학과

243 인터넷과 한국정치
강원택 | 숭실대 정치외교학과

244 북한의 시장경제이행
정영화 외 | 서경대 법학과

245 시스템사고로 본 지속가능한 도시
문태훈 | 중앙대 도시및지역계획학과

246 실버산업과 유비쿼터스 컴퓨팅
고일상 | 전남대 경영학부

247 재활상담과 사례관리
나운환 | 대구대 직업재활학과

248 영유아교육기관에서의 장애 이해 교육
유수옥 | 우석대 유아특수교육과

249 장애의 사회적 의미와 사회통합
박수경 | 대진대 사회복지학과

250 경제분석의 수리적 기초
조인성 | 공주대 경제통상학부

251 비영리부문의 비교연구
김승현 | 서울산업대 행정학과

252 고등교육경제학
반상진 | 전북대 교육학과

253 과학윤리교육의 이론과 방법
조희형 | 강원대 과학교육학부

254 결혼이민자가족의 이해
김오남 | 대불대 사회복지학과

255 동아시아 국가의 공공부조
신동면 | 경희대 사회과학부

256 특수아동 진단 및 평가
이나미 | 대불대 특수교육과

257 계약형 사회복지와 권리옹호시스템
이명현 | 경북대 상주캠퍼스 사회복지학과

258 실내공기질 및 위해성 관리
양원호 | 대구가톨릭대 산업보건학과

259 충남 방언 문법
한영목 | 충남대 국어국문학과

260 교육권론
노기호 | 군산대 법학과

261 도시경관계획론
임승빈 | 서울대 조경·지역시스템공학부

262 교통의 새로운 패러다임
김형철 | 경원대 도시계획·조경학부

263 노인의 삶의 질 향상을 위한 주거환경 디자인
천진희 | 상명대 디자인대학 실내디자인전공

264 사회복지와 문화
박병현 | 부산대 사회복지학과

265 장애인복지의 이론과 실제
이선우 | 인제대 사회복지학과

266 창의성 개발을 위한 디자인교육 콘텐츠
김선영 | 인천가톨릭대 조형예술대학 환경디자인학과

267 구성주의 사회복지 실천 기술론
고미영 | 서울신학대 사회복지학과

268 장애아교육학
김기흥 | 부산교육대 유아교육과

269 지역사회복지와 자원부문
한상진 외 | 울산대 사회학과

270 환경관리회계
육근효 | 부산외국어대 회계학부

271 인권 관점에서 보는 장애인복지
유동철 | 동의대 사회복지학과

272 정신증상
송지영 | 경희대 의과대학병원 신경정신과

273 사이버공간의 사회심리학
이성식 외 | 숭실대 정보사회학과

274 노인에 대한 사회적 돌봄과 돌봄 서비스의 질 보장
최희경 | 신라대 가족노인복지학과

275 아동 심리치료의 실제
신현균 | 전남대 심리학과

276 사회복지와 위험관리
노충래 | 이화여대 사회복지전문대학원

277 국제 탄소시장의 이해
양승룡 | 고려대 식품자원경제학과

278 타자의 초상
신문수 | 서울대 영어교육과

279 한국정치와 환경정치
나정원 | 강원대 정치외교학과

280 북한이주민
윤인진 | 고려대 사회학과

281 음주의 사회경제적 비용
정우진 외 | 연세대 보건대학원

282 지방정치와 동북아 도시거버넌스
박재욱 | 신라대 행정학과

283 노숙인 복지론
남기철 | 동덕여대 사회복지학과

284 유럽통합과정과 지역협력
이규영 | 서강대 국제대학원

285 사회복지재정 연구
지은구 | 계명대 사회과학대학 사회복지학과

286 지역사회 교육개혁을 위한 시민사회 조직의 참여
김영화 | 홍익대 교육학과

287 복지사회를 대비한 국민연금의 구조개혁
박영석 외 | 서강대 경영학부

288 한미 FTA 지재권 협상에 따른 의약품 분야 사회후생 변화
오근엽 | 충남대 무역학과

289 산업입지, 환경 그리고 지역경제
이기동 외 | 계명대 국제통상학과

290 감성지능 개발을 통한 삶의 질 향상
김경수 외 | 전남대 경영학부

291 교육복지론
이용교 외 | 광주대 사회복지학부

292 인간과 행복에 대한 철학적 성찰
박찬국 | 서울대 철학과

아 | 산 | 재 | 단 | 연 | 구 | 보 | 고 | 서

1 한국인의 도덕성 연구
배해수 | 고려대 국문학과

2 산업화와 청소년 진로
이원호 | 울산대 교육학과

3 공동체의식과 시민운동
김영섭 | 한양대 행정학과

4 한국청년의 삶의 의미 충족도와 만족적 태도
안정수 | 경희대 철학과

5 중국조선족의 사회발전과 한·중관계의 위상
손장권 | 고려대 사회학과

6 해송림 "솔껍질깍지벌레"의 천적 및 주요 종의 생태
김규진 | 전남대 농생물학과

7 사회정의와 실천윤리
박종대 | 서강대 철학과

8 동구개혁의 영향
김달중 | 연세대 정치외교학과

9 한국청소년의 의식세계
김문조 | 고려대 사회학과

10 고강도 철근 콘크리트 구조의 실용화
정헌수 | 중앙대 건축학과

11 신기술의 연관형태 및 출현예측의 구조모형
권철신 | 성균관대 산업공학과

12 민간기업의 연구개발을 위한 조세정책
권영훈 | 한양대 경제학부

13 기술개발 활성화방안
송승구 | 울산대 화학공학부

14 부패의 현상과 진단
이문조 | 영남대 정치외교학부

15 연구투자의 지역적 편중화와 부산지역의 기초과학연구 활성화방안
윤웅찬 | 부산대 화학과

16 GATT의 신구 덤핑방지협정과 그 대응방안
전창원 | 동국대 무역학과

17 한국사회의 도덕성 제고를 위한 진단과 처방
황경식 | 서울대 철학과

18 새로운 노사관계 방향
이진규 외 | 고려대 경영학과

19 21세기 동북아 정세예측과 한국의 전략적 대응방안
최평길 외 | 연세대 행정학과

20 소련의 한국에 대한 정책목표분석
신승권 | 한양대 정치외교학과

21 메모리 커패시터용 $Pb(Zr_xTi_{1-x})O_3$ 강유전체 박막의 제작과 특성
장지근 외 | 단국대 전자공학과

22 러시아 국제법학의 전통
김용구 | 서울대 외교학과

23 유럽연합의 현황과 전망
김동현 외 | 성균관대 행정학과

24 중국의 정치동원
송영우 외 | 건국대 정치외교학과

25 산업적 활용을 위한 이동로보트 시스템의 개발
박민용 외 | 연세대 전자공학과

26 중국조선족의 정치사회화과정과 동화적 국민통합의 방향
전인영 외 | 이화여대 사회생활학과

27 공적부조의 이론과 실제
최일섭 외 | 서울대 사회복지학과

28 대외통상환경의 변화와 법제개편
서헌제 | 중앙대 법학과

29 기업금융의 국제화
최생림 | 한양대 경영학부

30 자동차부품공업의 노사관계
김호진 외 | 고려대 행정학과

31 산업화 과정에서의 한국가족의 실태와 전망
정창수 외 | 성균관대 사회학과

32 공무원 가치관 실태와 정립방안
배병룡 외 | 경상대 행정학과

33 해외귀국청소년의 국내적응연구
이장영 | 국민대 사회학과

34 초고속정보통신망에서 LAN서비스 제공방안
이재용 | 연세대 전자공학과

35 WTO체제의 정책적 대응
김병진 외 | 경희대 행정학과

36 유럽의 통합정치
최수경 외 | 충남대 정치외교학과

37 유기질폐기물을 이용한 고단백사료원 인 조류의 생산공정
최정우 외 | 서강대 화학공학과

38 초고속정보통신망의 수용성과 정책방향
박영상 외 | 한양대 신문방송학과

39 중국의 강남사회와 한중교섭
조영록 외 | 동국대 사학과

40 세계화시대의 사회 · 문화의식
신행철 외 | 제주대 사회학과

41 국내 외국인 노동자의 문제와 대책
성규탁 외 | 연세대 사회복지학과

42 노인인력 활용정책과 프로그램
김정후 외 | 강원대 법과대학

43 한일간 학술교류 현황과 활성화방안
정홍익 외 | 서울대 행정대학원

44 계량모형에 의한 한일 경제관계의 이해
김명직 외 | 한양대 경제학부

45 직장인의 음주행태와 삶의 질
진기남 외 | 연세대 보건행정학과

46 유통정보 시스템의 구조와 설계
정용길 | 충남대 경영학과

47 남북통일 이후 사회통합을 위한 교육의 역할
안기성 외 | 고려대 교육학과

48 대중음악에 심취한 청소년들의 심리적 특성
김인경 외 | 연세대 인간행동연구소

49 멀티미디어 시스템을 활용한 교육환경의 개선방안
김한일 | 제주대 컴퓨터교육학과

50 탈냉전기 한일관계의 쟁점
최상룡 | 고려대 정치외교학과

51 자치시대 새로운 '삶의 질' 지표의 모색
김형기 외 | 경북대 경제통상학부

52 유럽통합의 역내외 협력과 갈등
이호재 외 | 고려대 정치외교학과

53 21세기를 대비한 신노사관계
김재원 | 한양대 경제학부항

54 대학의 시간제학생 등록제
안규철 외 | 전남대 교육학과

55 21세기에 대비한 방송통신정책
한진만 외 | 강원대 신문방송학과

56 주민참여를 통한 혐오시설 관리운영방안
박균성 외 | 경희대 법학부

57 여성의 정치적 권리인식과 정치참여
전경옥 외 | 숙명여대 정치외교학과

58 한국인 위장질환과 식생활 · 환경요인 및 *H. pylori* 감염과의 관계
이양자 외 | 연세대 식품영양학과

59 학생과 시민의 자원봉사활동
윤정일 외 | 서울대 교육학과

60 동북아 환경문제와 지역환경협력의 모색
신연재 외 | 울산대 정치외교학과

61 노인 자원봉사활동을 통한 사회통합 프로그램 개발
김동배 | 연세대 사회복지학과

62 물류정보 시스템
김태현 | 연세대 경영학과

63 전자식 문서교환을 이용한 항공화물 운송체계
민재형 | 서강대 경영학과

64 청소년과 성
이근후 | 이화여대 의과대학

65 민족통합과 무궁화호 위성의 남북한 공동활용방안
방정배 | 성균관대 신문방송학과

66 채식주의가 20대 여성의 영양상태와 에스트로겐 대사에 미치는 영향
성미경 | 숙명여대 식품영양학과

67 가상정보공간을 통한 지역개발 활성화 전략
유재천 외 | 한림대 언론정보학부

68 조산아 관리현황 및 정책수립 방안
박상기 외 | 조선대 의과대학

69 남북한관의 의식조사와 통일교육 개선 방안
김동규 외 | 고려대 북한학과

70 동양 전통 자연사상 탐구
장동순 | 충남대 환경공학과

71 초고속정보망의 시뮬레이터 구현
한기준 | 경북대 컴퓨터공학과

72 유통원가 시스템의 유효성
정다미 | 명지대 경영학과

73 국악과 문화관광의 만남
정익준 외 | 동아대 국제관광통상학부

74 기업의 지식경영 활용사례
김창은 | 명지대 산업공학과

75 선진국과 한국의 직업교육 · 훈련제도의 특성과 한계
정주연 | 고려대 경제학과

76 제주지역 성인 여성의 자원봉사활동
이상철 외 | 제주대 사회학과

77 M&A와 문화충돌 관리
박원우 | 서울대 경영학과

78 폐금속광산 인근 주민들의 중금속 오염실태
정종학 외 | 영남대 의학과

79 북한 농촌 · 농업실태와 인력자원개발 시스템을 통한 북한 농민의 구호방안
박성열 | 건국대 교육공학과

80 중소 소매점의 경쟁력과 소매성과
채명수 외 | 한국외대 무역학과